# 小学校英語のジレンマ

寺沢拓敬
Takunori Terasawa

Eurus Notus Zephyrus Boreas



岩波新書
1826

# はじめに

二〇二〇年から公立小学校で教科の英語が正式に始まる(小学五・六年が対象)。冒頭からアンケート調査のようで恐縮だが、あなたは教科化に賛成だろうか、反対だろうか。それとも、「よくわからない」だろうか。

一般的な傾向を見てみよう。図0-1は、小中学生の子どもをもつ保護者を対象に、さまざまな教育改革案について賛否を尋ねた調査の結果である。

通常であれば賛成・反対の割合を論じるところだろうが、ここでは「わからない」に注目しよう。一見して明らかなように、小学校英語(「小五から英語教科化」と「小三から英語活動必修」)は他の改革案と比べて、「わからない」の割合が際立って小さい。いずれも七%で、同調査の選択肢の中で最小である。

同じ英語教育関連でも「英語四技能を大学入試で測る」には二五%もの人が「わからない」と答えたのとは対照的である(四技能とは「聞く、話す、読む、書く」のこと)。それだけ、小学校

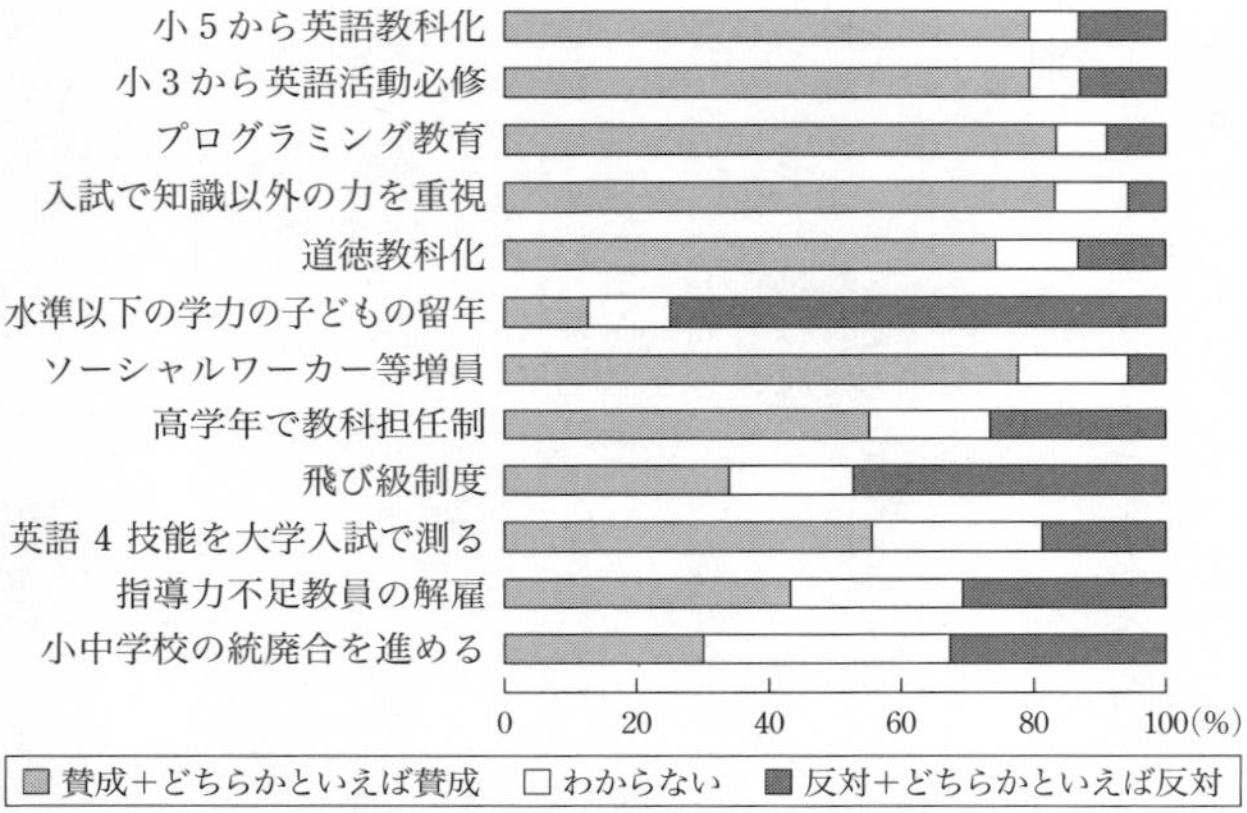


出所：「学校教育に対する保護者の意識調査」ベネッセ教育総合研究所・朝日新聞社，2018 年.

**図 0-1**　小学校英語およびその他の改革案への賛否

英語は、賛否のどちらに立つかはともかくとして、「わかりやすい」問題だと認識されているのである。

教育改革に限らず、社会問題であれ科学現象であれ人間関係のトラブルであれ、複雑な物事を理解するには、その現象に固有の適切な距離というものがある。ひどくもつれた糸があっても、あまりに拡大して見ればほんの少しよじれている程度にしか見えないし、逆に遠すぎてはもつれていることさえ気づかない。全体と個々の絡まり合いが両方とも見える地点から眺めてこそ、問題の複雑さが理解でき、いきおい、解決の糸口を見出せる。

小学校英語もこれに近いように思う。現在、小学校英語がさまざまな課題に直面していることはよく知られているが、その複雑さが多くの人に伝わっているとは思えないことが多い。前述の意識調査の結果はその傍証のひとつである。

事実、巷には小学校英語に関する紋切り型の現状認識と、同じく紋切り型の処方箋が蔓延している。たとえば、日本人の英語下手に危機感を抱く人はこう叫ぶ――日本の英語教育は遅れている、韓国・中国をはじめ世界の国々はずっと以前から小学校で英語を教えている、早くしないと世界から取り残される、と。あるいは、子どもの英語学習に情熱を傾ける人はこう嘆く――英語のできない小学校の先生が教えても意味がない、むしろ、子どもが下手な英語を覚えてしまわないか心配だ、ネイティブスピーカーが教える体制に変えてほしい、と。

残念ながら、これらのような処方箋では、解決に貢献しないばかりか、問題をさらにややこしくしてしまうだろう。問題の原因を取り除けば解決するかと思いきや、その原因は実はもっと多くの要因と連動しているからである。

たとえば、多くの政治家や財界人、保護者、そして世論一般も、英語教育の早期開始は日本人の英語下手を解決する切り札だと考えている。しかし、実証研究によれば、早期開始のみで英語力は向上しないことがわかっている(詳細は7章)。そもそも、小学校へ英語の導入を進めた当の文部科学省が、そのような安易なことは言っていない。もっとも、もう少し丁寧に考え

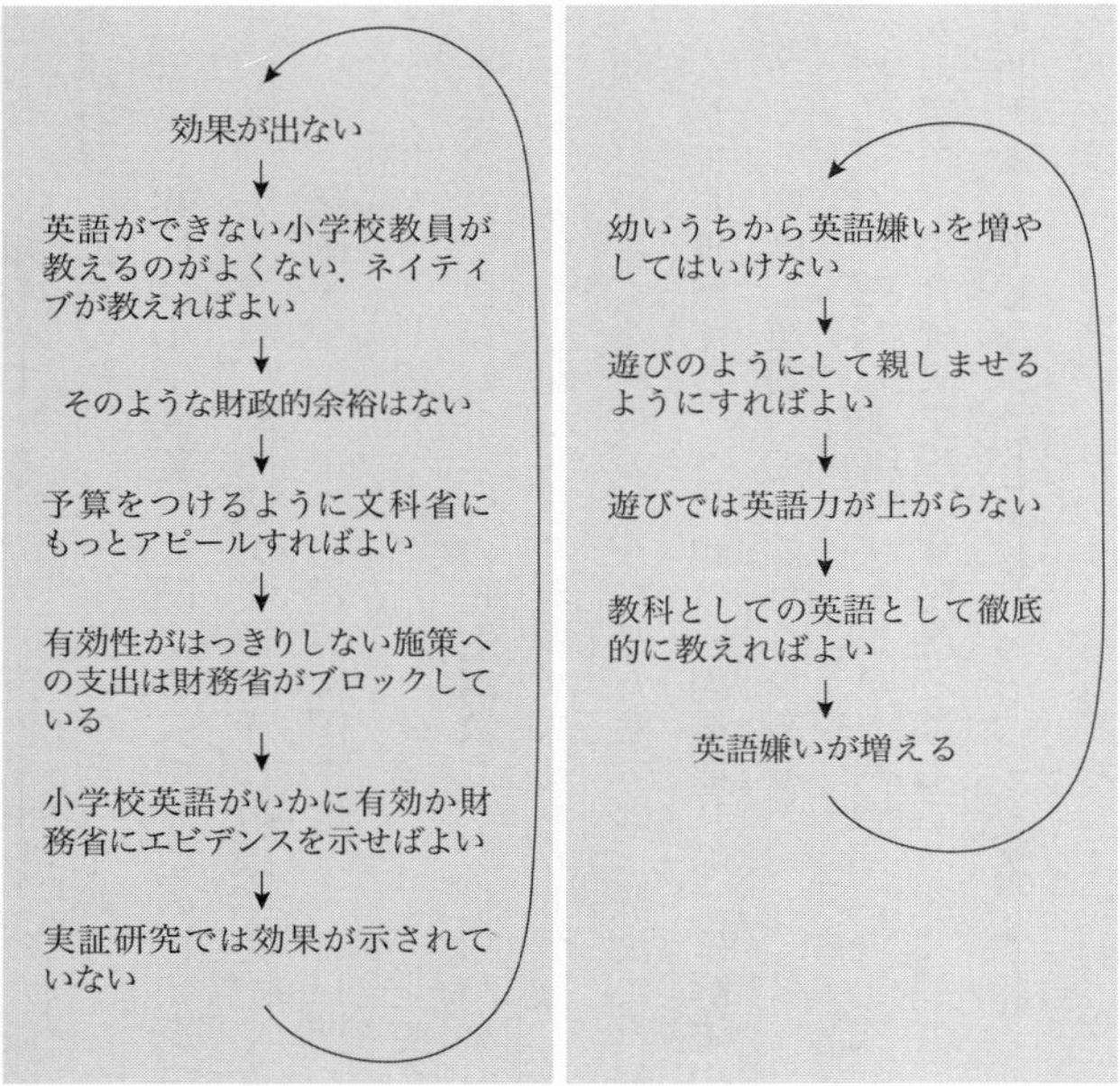

効果が出ない
英語ができない小学校教員が教えるのがよくない．ネイティブが教えればよい
そのような財政的余裕はない
予算をつけるように文科省にもっとアピールすればよい
有効性がはっきりしない施策への支出は財務省がブロックしている
小学校英語がいかに有効か財務省にエビデンスを示せばよい
実証研究では効果が示されていない
幼いうちから英語嫌いを増やしてはいけない
遊びのようにして親しませるようにすればよい
遊びでは英語力が上がらない
教科としての英語として徹底的に教えればよい
英語嫌いが増える

**図 0–2**　ジレンマのループ

ている人ならば「たしかに単に導入するだけでは意味がない。英語指導力をもった教員が教えてはじめて意味がある」と言うかもしれない。では、その「英語指導力をもった教員」をどう養成するのか。あるいは、どうやって雇用するのか。予算措置もなければ制度的にも難しい（9章）。

どんなに一見素晴らしい処方箋――メリットばかりでデメリットはなさそうな処方箋――を選んだとしても、実は背後で多くの問題とつながっており、たいていは別の難題が飛び出してくる。結局、どんな処方箋にもそれぞれ固有の困難があり、誰もが最善と認めるバラ色の解決策は存在しない。これこそが、小学校英語の直面するジレンマである。

ジレンマの一例を図示したのが図0-2である。わかりやすさを重視したため、いささか戯画化した構図ではあるが(実際には単一方向の対立だけではなく、もっと入り組んでいる)、後の章で見ていくとおり、ここで示した循環構造が存在していることは事実である。また、特に行財政面をめぐるジレンマは、小学校英語問題の急所でもある(9章を参照)。

小学校英語の問題をジレンマとして理解すること、これこそが本書のテーマである。安易に見せかけの処方箋を提示したり、抽象的な「正論」で政策を批判したりするのではなく、まずは複雑性を理解する。その複雑さを前提にして、いくつかの現実的な方向性を見出す。以上の方針で、小学校英語の問題を論じていく。

# 目　次

はじめに

序　章 …… 1

第Ⅰ部　小学校英語、これまでの道のり

第1章　【第Ⅰ期】小学校英語前史 …… 14

1　戦前から戦後へ　14

2　英語教育の早期化と臨時教育審議会　24

3　学習と年齢効果の研究　26

第2章　【第Ⅱ期】「実験」の時代 …… 34

1　「国際化時代」と英語教育の議論　34

2　研究開発学校では何が学ばれていたのか　38
3　小学校英語推進派の理想主義　41
第3章　【第Ⅲ期】模索の時代――多様性とカオスの小学校英語……45
1　小学校に英語がやってきた　45
2　総合学習での英語活動　50
3　教育特区での小学校英語　60
4　小学校英語論争の勃発　67
第4章　【第Ⅳ期】「外国語活動」の誕生……73
1　「グローバル化時代の人材育成」と英語教育　74
2　「必修だが教科でない」　79
3　特殊日本的な「外国語活動」　85
4　英語力は向上するのか、国語力がダメになるのか　96
第5章　【第Ⅴ期】教科化・早期化に向けて……108
1　トップダウン型の教育改革へ　109
2　第二次安倍政権以後の改革――変質する政策審議　114

3　教科化既定路線の中の賛否　127
4　世論の期待と不安　130

第Ⅱ部　小学校英語の展望

第6章　現在までの改革の批判的検討……142
1　小学校英語三〇年の歴史を振り返る　142
2　根拠なき計画・実行　158

第7章　どんな効果があったのか……170
1　教育政策を支えるデータとは　170
2　小学校英語の効果、これまでの研究　174
3　小学校で英語を学んだ子どもの英語力・態度は向上したのか？　180
4　根拠に基づいた議論を　188

第8章　グローバル化と小学校英語……190
1　「グローバル化だから小学校英語」でよいのか　190
2　英語ニーズのこれから　195

第9章　教員の負担とさまざまな制約……204
1　誰が教えるのか　204
2　制度、予算の制約、世論のプレッシャー　211
3　外部人材活用という「第三の道」　219

おわりに　227

年　表

参考文献

# 序　章

「はじめに」でも述べたとおり、本書の目的は、しばしば単純化して語られがちな小学校英語について、その複雑さを明らかにしながら、今後のあり方について提言するものである。

この複雑性の原因は、小学校英語をとりまくさまざまな条件が相互に対立していることにある。こうしたジレンマ状況においては、「これを改善したらすべて解決」といった安易な処方箋は期待できない。小学校英語のジレンマを生み出している多数の要因を丁寧に切り分けながら、暫定的にせよいくつかのよりマシでより現実的な選択肢を示すことが本書の目標である（なお、ジレンマ(dilemma)の含意は本来「二者択一」であるが、本書では多者択一の文脈でも使う）。

## タテとヨコの制約条件

小学校英語のジレンマを適切に把握するには、そのジレンマを生じさせている、タテとヨコの制約条件を理解しなければならない。タテの制約とは歴史的条件のことである。あらゆる制度改革と同様に、小学校英語もこれまでの制度を準拠点にしたうえで、それを修正したり新たなプログラムを上乗せすることで改革が進められてきた。どれだけ未来を向いていたとしても私たちは過去という制約から自由にはなれない。

一方、ヨコの制約とは、同時代的な社会条件である。小学校英語のおそらく最小単位は、学校現場で日々行われている個々の実践だが、それらはその時々の教育課程制度・教育行財政制度・社会経済的要因に大きく枠をはめられている。

本書では、第1〜6章をタテの制約条件に、第7〜9章をヨコの制約条件の検討にそれぞれ充てる。

## 本書の特徴

以上で述べたとおり、歴史的・社会的条件を重視するのが、本書の基本方針である。そしてこの方針は、これまでの小学校英語関連の先行研究には見られない特徴である。

小学校英語に関する書籍は多く、小学校英語教育学と呼び得る研究領域も存在する(その名を冠する学会もある)。しかし、この領域のおそらく九九%以上の研究がミクロな枠組み(学習者の認知メカニズムや教室、教育課程などの内部に閉じた枠組み)に基づいており、歴史的・社会科学的なアプローチはほとんど浸透していない。

この原因は、英語教育学の学問的伝統にある。英語教育学はもともと言語学と心理学の影響を大きく受けてきており、現象をミクロに見る研究を発展させてきたが、一方で、それを社会的な文脈に据えて検討する伝統はあまりない。実際、小学校英語教育学者と呼び得る研究者には、教育史や教育行財政学、教育政策研究、あるいは他の社会科学分野でトレーニングを積んでいる人はほとんどいないと言ってよい。

一方、筆者の状況はこのちょうど裏返しである。筆者は、日本の英語教育政策・制度について一五年以上研究を行ってきたが、これまで英語教育学者と名乗ったことはなく(実際、英語指導法や教材論などにはほぼ見識がない)、むしろ社会学者として、いかに英語教育が歴史的・社会的条件から理解できるかを追究してきた。

小学校英語を社会的な文脈に置いて検討することには、つぎのような意義がある。第一に、小学校英語の複雑さ・ジレンマは、学習者の脳の中、教室、教育課程(学習指導要領)といったミクロな条件を見ているだけではうまく理解できない。より広範な枠組みが必要である。

第二に、世の人々の多くは、教室実践や教育課程の話よりも、小学校英語の社会問題・時事問題としての側面に関心があると考えられる。既存の著作の多くは、英語指導者や小学校教員

(「教師の卵」を含む)を主たる想定読者にしていたこともあり、「言語習得論・指導法論や学習指導要領の解説に偏っていた。いわば教養として小学校英語を考えたい一般読者のニーズに応えるには、このような実務者向けの記述ではなく、より広い視野からの検討が必要と考える。

### 政策の批判的読解と政策過程の分析

制約条件として歴史的・社会的事実を理解するうえで不可欠な作業が、批判的読解、そして政策過程の分析である。

前者は、政策文書やその他のテクストについて、行間やその裏を読んだり、政治経済的・社会的要因と関連づけながら理解する作業である。要するに、政府の見解を文字どおりに受け取らず、さまざまな条件を考慮しながら総合的に検討することである。

後者は、公式決定に至るまでの非公式の道筋を跡づける作業である。政治学の入門書には必ず載っていることではあるが、政策決定に至るまでの過程は概して多元的である。政策過程に影響を与える人たちの利害は一致していないことが通常で、賛成者あるいは反対者とひとくくりにされがちな人たちでも、その内部には大きな多様性があることが多い。こうした多元的なアクターがそれぞれの利害をもとに交渉を行うのが一般的な政策過程である。

この構図は、小学校英語の政策過程にも当てはまる。たとえば、小学校英語賛成派・反対派も一枚岩ではなく、「賛成派＝文部（科学）省やグローバル化への対応を重視する英語教育者・財界人」vs.「反対派＝小学校現場や国語の大切さを重視する英語教育者・保守系政治家」などといった単純な構図では理解できない。実際の審議過程でも、さまざまな立場の推進派（一部慎重派）が、三つ巴どころか四つ巴、五つ巴の状況で、論を闘わせていた。しかし、政府の公式見解（たとえば、学習指導要領）は、こうした複雑な過程がまるで存在しなかったかのように、結論だけを記述しがちである。

批判的読解と政策過程の分析を省略してしまうと、どのような問題があるだろうか。まず、「グローバル化が小学校英語を生んだ」「財界の要求が……」「世論の後押しが……」といった大雑把な因果的説明に頼らざるを得なくなる。これでは結局、何も説明していない。また、公式見解のみへの注目は、表面的な事実だけをなぞることに他ならない。そのままでは原因と結果の間を埋めるピースが不明なので、実証性の乏しい説明に依存せざるを得なくなる。たとえば、俗説や独りよがりな考え方に基づいて現象を理解したり、最悪の場合、元関係者の誇張めいた証言（自慢話）を「エビデンス」として使ってしまうという悪手さえあるだろう。

## 時代区分の説明

第Ⅰ部の歴史的な分析に先立って、本書での時代区分の設定を説明したい。小学校英語の時代区分は、「学習指導要領」という行政文書の改訂と軌を一にしていると見なしてよい。

## 学習指導要領とは

学習指導要領に馴染みがない読者もいると思うので、日本の教育政策においてどのような位置づけにあるか簡単に確認しておく。

教育政策を考えるとき、骨格部分を法律(教育基本法、学校教育法、その他の教育関連法規)とすれば、学習指導要領は肉づけの部分にあたる。両者の大きな違いは、変更のハードルの高さである。前者は、国会の審議を要する以上、政権や文科省の独自の判断では変更できず、したがって、民主的正統性は高い。一方、学習指導要領は文科省の告示であり、告示そのものは法律ではない。したがって、国会審議を必要とせず、変更・修正のハードルは比較的低い。

小学校英語をめぐる政策動向で圧倒的に重要なのは、この肉づけの部分である。戦後の学校教育における具体的な教育課程は原則として学習指導要領に基づいており、たとえば「小学校英語教育法」のようなものが制定されてきたわけではない。なるほど、教育内容を具体化するうえで法律は重厚過ぎる。その意味で、自由度の高い告示文書が教育課程の中心をなすことは不自然なことではない。

自由度が高いと述べたが、文科省が(ということは文科官僚が)まったくのフリーハンドで学習指導要領を作っているわけではない。正式に告示されるまでに、内閣や国会議員との意見交換、審議会、そしてパブリックコメントなどを通じ、文科省の外部の目に晒される。したがって、健全な制度運営がなされている限り(国会による承認ほどではないにせよ)相当の民主的正統性は担保されている。

学習指導要領のこうした性格は、教育関係者でなくとも、知っている人も多いと思われる。にもかかわらず、この点を詳しく述べたのは、小学校英語の複雑性の一因が、政策過程の自由度の高さにあるからである。「自由度が高い」という表現はポジティブに響きかねないので言い直したほうがいいだろう。要は、いい加減な政策決定を誘発する構造的問題をはらんでいるということである。本書で詳しく見ていくとおり、実際の政策に、専門家や市民の意見が大いに反映されているわけではないし、政策実施に必要な予算措置を保証する財政制度改革が伴っているわけでもない。また、一定年経過後に施策を厳密に評価するわけでもない。こうした問題は、いずれも政策過程の自由さに起因している。

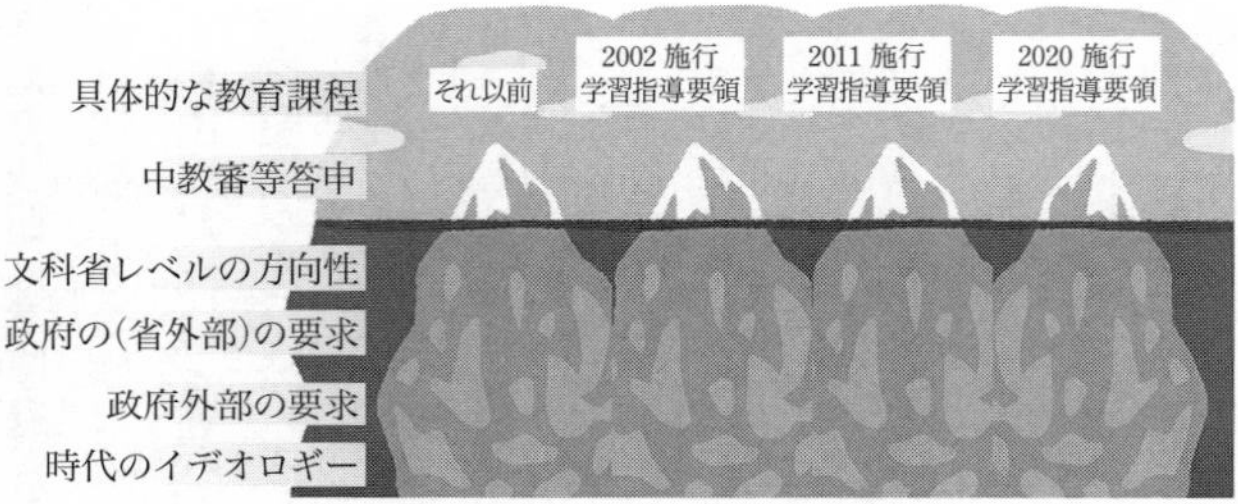


**図序-1**　政策の階層性

## 政策過程の階層構造

もう一点、学習指導要領の政策過程について重要な点を説明しておこう。学習指導要領告示が政策過程の最終的なアウトプットだとすると、そこに至るまでに膨大な数の公式・非公式の会議、あるいは種々のアクターとの相互交渉を経由する。

学習指導要領は最も目立つ場所にあり、氷山で言えば海面上に頭を出した部分と言える（図序-1）。この学習指導要領を具体化するのは文科省の仕事であるが、その原案を練るのは中央教育審議会（中教審）の委員（官僚ではない有識者）の仕事である。中教審答申はその最終報告である。答申が出るたびにマスメディアもとりあげるので、このあたりの動きは外からも見えやすい。

一方、中教審よりさらに前の段階は外から見えにくい部分である。氷山で言えば、海面の下の部分である。中教審の方向性は、文科省における内々の議論に影響を受け、文科省の方向性は他の政府アクター（内閣や他省庁）に影響を受ける。さらに、政府外部（財界や教育団体など）のアクターや、もっと広いレベルでは、その時代のイデオロギーも無視できない。

このように、政策過程には階層性がある。だからこそ、学習指導要領のような海面上の目立つ部分だけを分析するのでは不十分で、中教審の審議過程や、それ以外のアクターとの相互作用も検討する必要がある。

## 小学校英語の政策の変遷

学習指導要領は、およそ一〇年に一回のペースで更新される。新しい学習指導要領の「ライフサイクル」はつぎのとおりである。まず、変更に向けた議論が文科省内で本格的に始まるのが、目安として施行年のだいたい五年前である。審議会や省内での議論、他機関との調整が終わると晴れて正式に「告示」となる。正式のスタート（「施行」）はさらに数年後であるが、施行年度以前の数年間に移行措置期間が設けられており、新学習指導要領の先行実施が認められている。

このように、一つの学習指導要領は、構想段階の約五年に実施段階の約一〇年を合わせた約一五年で一つのサイクルを終えることがわかる（なお、前学習指導要領が役目を果たし終えた後に、

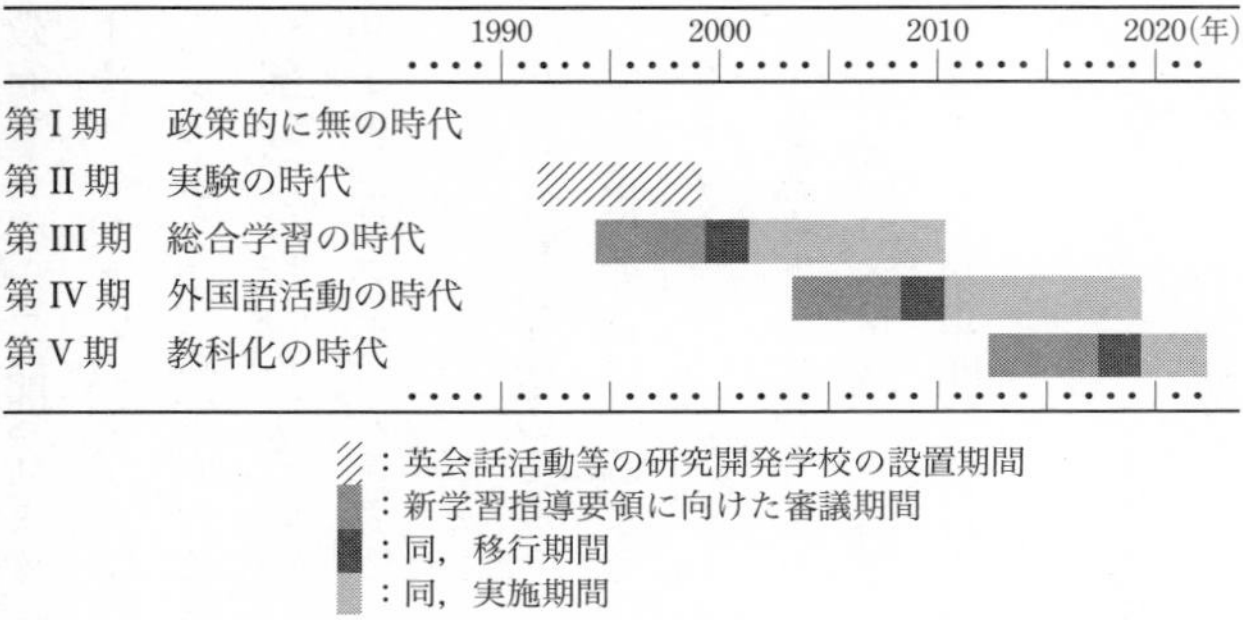


**図序-2**　学習指導要領に基づく時代区分

その成果について評価する期間が数年くらいあってもよさそうなものだが、このようなものはなく、実際のところ「やりっぱなし」である)。図序-2に示しているとおり、構想段階の約五年間が、前の学習指導要領と重複しながら、順次改訂していくという流れである。

以上の議論をもとにすると、日本の小学校英語は、図序-2にあるような五つの時代に区分できる。

第I期は、公立小学校での英語教育になんら公的なバックアップがなく、非公式的な英語教育が散発的に行われていた時代である。戦前・戦後から一九八〇年代頃までである。第II期は、ごく一部の公立小学校で実験的に英語教育が始まる時代である(一九九二年〜)。第III期は、総合学習の一環として英語活動が導入される時代である(必修ではない)。構想は一九九〇年代中頃から始まり、施行は二〇〇二年度で、二〇一〇年度まで継続する。第IV期は、必修の外国語活動が導入される時代である。構想期間を含めると二〇〇〇年代半ばから二〇一〇年代末までである。そして、第Ⅴ期は、高学年で教科としての英語が始まる時代である(構想は二〇一〇年代中頃から、施行は二〇二〇年度から)。

## 本書の構成

以上の五つの期間を、第Ⅰ部の第1章から第5章でそれぞれ検討する。

第Ⅱ部の構成はつぎのとおりである。第6章で、過去三〇年間の小学校英語政策史を振り返り、政策過程・政策内容の問題点を批判的に検討する。第7章では、小学校英語には果たして効果があったのか、これまでの研究を整理しながら、実証的に明らかにする。第8章では、小学校英語推進の原動力であるグローバル化の実態について批判的に検討する。社会統計データに基づいて、グローバル化は小学校英語推進者が言うほど単純なものではないこと、したがって、近年の「グローバル化だから小学校に英語を」という言説には問題が多いことを論じる。第9章では、小学校英語の問題を複雑にしている主因である、教員の負担について論じる。実のところ英語指導に長けた教員を増やせれば、小学校英語の問題の大半は容易に解消されるのだが、その教員増員が極めて難しい。この困難をもたらしている行財政的制約について論じる。

なお、本書では基本的に西暦を使用する(戦前は和暦も併用)。また、人物の肩書・機関名については、特別に断っている場合を除き、当時のものである。

# 第Ⅰ部

# 小学校英語，これまでの道のり

「教育特区で育て国際人」——群馬県太田市の小学校で，2003年5月．60頁参照．写真：共同通信社．

# 第1章 【第Ⅰ期】小学校英語前史

近代学校制度が成立してから、長い間、英語は公立小学校の教育課程の埒外に置かれていた。前章で概略を見たとおり、一部の小学校で実験的に始まるのが一九九二年、指導可能な教育内容として学習指導要領に書き込まれるのが二〇〇二年、必修になるのが二〇一一年である。

したがって、戦前から一九八〇年代までは、政策的には無の時代だと言ってよいが、それでも、後の時代の萌芽となるような動きがあった。本章では、戦前から一九八〇年代までの状況について概観する。

## 1 戦前から戦後へ

一九八〇年代およびそれ以前にも、さまざまなタイプの小学校英語の実践があった。公立小の正規の教育課程ではない以上、現代の小学校英語に直接的な影響を及ぼしたわけではないが、前史として重要な事例を簡潔に見ていきたい。

**戦前の小学校英語**

小学校英語をここ二、三十年の動きと考えている人は少なくないが、実は戦前から取り組みがある。明治時代にすでに、一部の公立尋常小学校、高等小学校、および私立小学校が英語を教えていた。もっとも、現代とは比較にならないほどスケールが小さかったことは事実である。

ところで、高等小学校の扱いには注意が必要である。先行研究の中にはそこでの英語教育を小学校英語の嚆矢のひとつとして論じているものもあるが、高等小学校は現代で言えば中学生の年齢の子どもも含まれるため、現代の小学校英語と同列に扱っていいかは微妙なところである。ただ、ややこしいことに、高等小学校の標準的な学齢は時代によって変わっており（一九〇七〔明治四〇〕年より以前は一〇～一三歳、同年以降は一二～一三歳）、現代の小学校英語と完全に別物とも言い切れない。この点に留意しつつ、戦前の小学校英語教育史を概観したい。

江利川春雄によれば、英語（外国語）は高等小学校発足当初（一八七二〔明治五〕年）から教えられていた。意外なほど早いが、明治政府が戦後の文部省に比べて小学校英語に特に熱心だったわけではない。位置づけは加設科目（開講を各学校の判断に委ねるもの）であり、必修ではなかったからである。また、明治期は高等小学校への進学率は低く、全国の子どものうち同年齢人口のごく一部しか英語学習経験がなかった。

では、当時どれだけの高等小学校が英語の授業を開講していたのだろうか。江利川によると、英語を加設科目として開講した学校のパーセンテージは、統計が手に入る一九〇〇（明治三三）年から一九四〇（昭和一五）年まで、一貫して一桁台だった。時期によって多少の変動はあるが、最も低いときには二％弱、ピークでも一〇％弱である。やはりごく一部の子どもだけが英語を学んでいたのである。

高等小学校がこうした状況である以上、その下の尋常小学校は推して知るべしである。一部の私立小学校（慶應義塾幼稚舎や学習院初等科）や（高等）師範学校の附属小学校では、当時としては驚くほど先進的な英語教育を展開していたところもあったが、全国的に見れば英語とは無縁の小学生が大多数だったのである。

## 「英語の必要性などわずか。小学校で英語は不要」

（戦中期は例外として）戦前の日本の英語教育熱は決して低くなかったが、その中心は旧制中学校・旧制高等学校・旧制高等女学校というエリートコースの学校系列だった。他方、それ以外の学校種では比較的低調だった。

戦前の学校英語が戦後と決定的に異なるのが、英語はすべての生徒が学ぶ科目ではなかった点である。中等教育段階ですら英語を学ばない生徒が多数いるのだから、初等教育段階での英語教育を望む声は出にくい。小学校英語推進論は皆無ではなかったが、それでも大多数は小学校での英語学習の必要性に懐疑的だった。

英語教育の第一人者であった岡倉由三郎(美術史家・思想家の岡倉天心の実弟)も反対者の一人だった。当時から長らく影響力を誇っていたその著書『英語教育』(博文館、一九一一年)から引用する。

普通教育の目的は、国民として立つに必要なる知識技能を授けるのであることは、今更言う迄も無いが、其立場から見れば、修身、国語、算術、歴史等が最も必要なので、是等の主要学科すら、尚目的通り完全にいって居らぬ様にも思われる。従て現在の小学校各教科目と、之に与えられたる時間とは実に貴重なものである。然るに英語科の如き、目下の様から見て比較的不急なものを加え、時間と労力とを之に割くは、甚だ愚なことで、却って是が為に、国民教育の主要方面が、薄弱に陥いる処がある。(一四〜一五頁、原文は旧字

旧かな）

小学校のような国民教育の場は、多くの人に必要な能力を伸ばす場であり、英語のようなわずかな人間しか必要としないものを教える場ではない。英語教育の権威が英語という科目の普遍性を否定し、むしろその限定的なニーズを強調している点が象徴的である。

この非普遍性は、当時の時代背景を考えればよくわかる。戦前は、国際交流・国際的取引が大衆化していなかっただけでなく、そもそも英語を一度も学ばずに学校を終える子どもが多数いた時代である。中等教育ですら大規模に教えられているわけではないのだから、より早い段階から始めるという話にはかなり無理があったと思われる。

結局、一世紀近く後になるまで、日本で小学校英語賛成論が盛り上がることはなかった。戦前と比べると、現代の小学校英語熱の大きさがあらためてよくわかる。小学校英語賛成論の拡大には、よく言われるように、日本国内外の国際化が関係していることは間違いない。しかし、それと同等かそれ以上に大きく影響したのは、戦後の英語学習の大衆化である。筆者が以前の著作で明らかにしたとおり、全国のすべての中学生が三年間英語を履修するようになるのは一九六〇年代後半のことである（それ以前は、中一・中二で英語履修をやめてしまったり、英語の代わりに職業科目などを履修した生徒も少なからずいた)。戦後の事実上の必修化を契機に、英語学習が「国民的現象」になったことでようやく「もっと早い段階から始めてほしい」という声が生まれる素地ができたわけである。

**戦後の私立小学校**

前述のとおり、一部の私立小学校ではすでに戦前から英語教育が行われていたが、全盛になるのは戦後である。野上三枝子の調査によると、終戦(一九四五年)の段階で英語教育を行っていた私立小は一八校(調査対象一四五校の一二%)だったが、一九五〇年代・六〇年代に急増し、一九七七年には一〇九校(同七五%)にまで増加している。しかも、このうちの七割近くが第一学年から始めており、公立小の状況を何十年も先取りしていたことになる。

ただし、よく知られているように、公立小に比べて私立小は、法制度的位置づけ・教育環境・児童の出身階層等の点でかなり特異である。第一に、私立小学校の数は全小学校の一%未満であり圧倒的に数が少ない。第二に、英語教育の導入の経緯や運営方法がユニークな場合が多く、公立小が参考にする余地はかなり少ない。たとえば、ミッション系の私立小には宣教師による英語教育という伝統をもつ学校がある。また、私立小では一般的に英語専科教員が指導を担当している。これは、学級担任に加えて、専科教員を新たに雇用できる経済的・制度的基盤を備えた私立学校だからこそと言える。

その意味で、制度的にも理念的にも私立小の英語教育は公立小のそれとは大きく乖離しており、前者が後者に直接与えた影響はほとんどない。一方で、人的ネットワークの面での間接的影響は大いにあった。というのも、私立小の英語教育者たちは、戦後早い段階から児童英語に関わる理念・実践を体系化し(さらに研究会を組織し)、その後の公立小学校での英語教育の基盤を用意したからである。

たとえば前述の野上三枝子は、成城学園初等学校で長年英語を担当し(加えて言えば、戦前戦後の著名な英語学者・市河三喜の長女である)、その経験を活かした著作を精力的に発表していた。野上はその後、後述する日本児童英語教育学会(JASTEC)の設立メンバーにも名を連ね、日本の小学校英語教育に重要な貢献を果たした。

### 課外活動としての英会話クラブ

私立小と違い、学習指導要領に従う必要がある公立小では、英語教育は戦後長らく教育課程から除外されてきた。戦前の高等小学校のように加設科目という位置づけですらなく、完全な排除である。「公立小は英語を扱わない」という（暗黙の）ルールが全国一律で徹底されていた。

例外的に、自治体あるいは学校が、課外活動や特別行事など教科外の活動として英語学習に取り組むことはあった。その先駆けが千葉県である。一九七二年に県内の小学校に英語教室を開講する「小学校英語教室事業」を始めた。これだけでもかなり先駆的だが、吉村博与らの調査によれば、構想そのものは一九六二年から存在した。一九六二年と言えば、東京オリンピックを二年後に控えた時期であり、また、千葉県内での新国際空港計画が浮上していた頃である。こうした国際化動向を捉えた当時の知事のリーダーシップのもと、構想がスタートしたという（ただし、推進母体は千葉県教育委員会）。

一九七二年、一五校での英語教室を皮切りに、事業は正式に開始された。その後、徐々に実施校を増やしながら二〇〇二年まで続き、最終的には数百校にまで拡大した（二〇〇二年以降は、総合的な学習の時間における英語活動に移行した）。

事業の主たる目的は国際理解意識を育むことであり、中高の教科としての英語とは一線を画していたが、英語学習（リスニング・スピーキング）に踏み込んだ指導もある程度行われていたようである。指導者は学級担任、地域の外国人、派遣された中学校英語教員、外国人指導助手とさまざまだった。

この事業の一環で英語教室を始めた成田市の二つの小学校は、一九九〇年代に文部省の研究開発学校に指定されている(詳細は2章)。県レベルのローカルな教育事業が、ナショナルな教育政策につながったわけである。

### 自治体発の国際理解活動

国際化の気運が高まる一九八〇年代以降、千葉県に続く自治体が徐々に現れる。たとえば、一九八七年に横浜市で「小学校国際理解教室」が始まった。市内の一部の学校で始まった同事業は、年々規模を拡大し、最終的には全市の小学校に導入されるに至った。

全国的な実施状況の全容は明らかではないが、当時の状況を伝える数少ない統計に日本児童英語教育学会の国際理解プロジェクトチームによる一九九〇年の調査がある。表1-1は、国際理解プログラムを「実施している」と答えた自治体の割合である(なお、町村は調査されていない点、自治体内で一校でも実施であれば「実施している」にカウントされている点、そして、英語をまったく扱っていないプログラムも選択肢に含まれているという三点に注意が必要である)。

国際理解・国際交流系に比べ、英語学習系のプログラムの実施率は高くない。「クラブ活動の一つとしての英語」は一八%である。それでも十分高い数値の気もするが、前述のとおり、

**表 1-1**　1990 年時点での公立小学校における国際理解プログラムの状況

| | 実施校ありの割合 |
|---|---|
| 不定期の国際理解教育 | 44% |
| 外国人講師とのふれあい | 38% |
| 帰国子女の指導，世話 | 32% |
| 社会科，音楽科等も含めた国際理解教育 | 26% |
| クラブ活動の一つとしての英語 | 18% |
| 定期的な国際理解教育 | 17% |
| 授業の一つとしての英語 | 5% |
| 希望者のための英語のクラス | 4% |

自治体内に実施校があると回答した自治体の割合.
対象は，全国の市・都道府県・東京 23 区の各教育委員会．計 1017 自治体に配付し，399 自治体から回答を得た.
出所：日本児童英語教育学会国際理解プロジェクトチーム，1991 年.

域内で一校でも行っていれば数値に反映される点には注意が必要である。かつ、児童のうち希望者のみが参加する形態だった以上、全児童数に占める経験率はもっと小さいものだったと考えられる。

もっとも、英語学習は、児童からすればまだ馴染みの薄いものだったとはいえ、学校や教員の立場・自治体の立場からすると相当の存在感を放っていたことは想像に難くない。実施していない場合でも、「お隣の学校は（あるいは、お隣の自治体は）英語学習を始めたらしい」という話が自然と耳に入ってきたと考えられるからである。

八〇年代前後のこうした状況は、その後、小学校英語が爆発的に拡大する土壌になったと言える。なお、ここで重要なのが、以上のプログラムの大半が国際理解教育・国際交流活動であり、狭義の英語学習プログラム(つまり、中学・高校の英語科の小学生版)ではなかった点である。次章で論じるとおり、一九九〇年代半ば以降に急増する研究開発学校での小学校英語のほとんどが、国際理解教育を全面に出したものであった。つまり、日本では国際理解教育という入り口を経由して小学校英語が発展していったが、それは八〇年代の自治体独自の取り組みとも連続性があったのである。

## 2 英語教育の早期化と臨時教育審議会

では、国の教育政策のレベルで小学校英語が検討の俎上に乗ったのはいつだろうか。政府レベルの会議で、英語教育の早期化が言及されたのは、内閣総理大臣の諮問機関である臨時教育審議会(臨教審、一九八四年八月~八七年八月)においてである。

臨教審では「教育の国際化」がキーワードのひとつであり、その手段としての英語教育についても多くの改革提言が示された(江利川春雄『日本の外国語教育政策史』第8章に詳しい)。

臨教審答申の中で、早期化に直接触れているのは、第二次答申(一九八六年四月二三日)である。答申は、従来の外国語教育の非効率性を指摘し、改革の必要性を訴える中で、「英語教育の開始時期についても検討を進める」と述べた。要するに、現行の中学校からの開始ではなく、もっと早くからスタートしてもよいのではないかという提案である。含みをもたせた書き方はいかにも答申らしい慎重さの表れだが、審議ではもっと踏み込んだ議論がなされていた。

議事録を検討した松岡翼の研究によれば、小学校英語の導入プランが明確に提起・議論されていたという。そればかりか、小学校から始めたうえで中学二、三年頃から選択制に移行するという相当に大胆な提案もあった。臨教審は、教育の個性化・自由化なるものを推し進めたことはよく知られているが、その「臨教審らしさ」が結晶したかのような提案である。

ただし、臨教審が一丸となって早期化を推進したわけではなく、慎重論も根強かった（そもそも、臨教審での審議事項は多岐にわたり、下位部会である「国際化に関する委員会」においても外国語教育は多くの議題の中のごく一部だった）。早期化の提案に対しまず難色を示したのが文部省で、効果への疑念や国語力への悪影響に関する懸念を述べ、反対に回った。

現在の文科省は小学校英語推進の旗振り役であり、そのイメージからすると意外な印象を受けるが、臨教審はそもそも総理大臣直属の諮問機関であり、旧文部省とは独立していた（文部大臣の諮問機関である中央教育審議会は、臨教審が開かれている間は休止を余儀なくされた）。臨教審委員には学校現場を知る識者が必ずしも多くなく、ともすると教育現場の実情から遊離した提言が出されがちだった。そうした急進的な英語教育改革案を文部省がそのまま飲むのは事実上不可能だったと考えられる。

つまり、答申の慎重な物言いは、推進派と反対派の緊張関係の結果と考えることができる。こうした緊張があったからこそ、小学校英語の制度化は緩慢なまま進み、少なくとも、臨教審直後に具体的な施策として結実していくことはなかった。しかし、早期化の波が押し寄せていることは事実だった。臨教審の答申を受ける形で、一九九一年四月、文部省初等中等教育局長の私的諮問機関で「外国語教育の開始時期の検討」が始まる(詳細は2章)。

## 3　学習と年齢効果の研究

一九八〇年代までの英語教育をめぐる学術的な状況に目を転じてみよう。

### 年齢と言語習得をめぐる科学的研究

英語教育学は、教育学や他の教科教育領域と少々毛色が異なり、かなり科学志向が強い領域である。その理由は、言語学や心理学といった科学志向の学問に影響を受けてきたことによる。

また、英語力は、他教科の学力に比べて、特に数量化に馴染みやすい点も背景にある。

英語教育の科学的研究と同義で扱われることが多いのが、第二言語習得論(Second Language Acquisition: SLA)である。一九七〇年代に誕生した比較的若い研究領域である。第二言語習得論は、読んで字のごとく、第二言語(要するに母語以外の言語。二番目の言語だけでなく三番目以降に学ぶ言語も含まれる)がいかに習得されるかを研究する分野である。中でも、年齢と言語習得の関係は、第二言語習得論の萌芽期から研究されてきた「由緒ある」テーマである(もっともこのテーマは、第二言語習得論が生まれる以前から脳神経科学者によって探究されてきた――一九五九年のW・ペンフィールドとL・ロバーツによる著作、一九六七年のE・レネバーグによる著作は日本語に翻訳されたこともあり、特に有名である)。

## 年齢効果研究と小学校英語論の関係は?

一九七〇年代以降、第二言語習得に学習開始年齢による影響があるのか、あるとすればそのメカニズムはどのようなものかに関して研究の蓄積が進む。これらは年齢効果(age effect)研究と呼ばれる。

年齢効果の詳細な解説は、バトラー後藤裕子『英語学習は早いほど良いのか』というよくまとまった本に譲るとして、日本の小学校英語を考えるうえで絶対に区別しておかなければならないポイントを三点挙げる。

第一に、小学校英語は第二言語学習の話であり、母語習得と混同してはならない。英語教材などに「赤ちゃんが言葉を身につけるのと同じ方法で英語を学べます」などという売り文句があるが、端的に言ってナンセンスである。第二言語習得のメカニズムは、母語習得と種々の点で相違があることがわかっているからである。

第二に、日本という非英語圏環境での英語学習を、周囲に英語があふれている社会での英語学習(たとえば英語圏に移り住んだ移民や難民の英語学習)と混同してはならない。両者には学習目的や動機づけなど多くの相違点があるが、決定的な違いは学習量・接触量である。つまり、英語圏での英語学習者は、「学習者」と便宜的にラベルをつけられていたとしても、すでに大量の英語接触があるのが普通で、日常生活で最低限困らない程度であれば多くの人が習得に成功する。一方、非英語圏では、英語への接触は主として学校(あるいはそれに類する教育機関・自学)に限定されており、接触量も人によって大きな幅がある。そのため、習得に成功しない者も多数存在する。結局、非英語圏で習得の成否を左右する最重要要因は接触量であり、これに比べると学習開始年齢の重要性はかなり低い。

第三に、この論点でしばしばもち出される「臨界期仮説」は、小学校英語の議論と基本的に無関係である（両者を関連づけた説明も多いが、率直に言って論者の誤解だと思われる）。

臨界期のごく簡潔な定義は、この年齢までに（第二）言語学習を始めないと習得に負の影響が生じる時期のことである。ただし、もう少し詳細な定義は実は研究者によってまちまちであり、専門家が執筆した概説書にも混乱が見られることさえある。

とはいえ、定義のゆれは、小学校英語を論じるうえで大した問題ではない。いずれの定義であれ、臨界期の考え方は、日本の早期英語教育の文脈とは無関係だからである。臨界期仮説の大前提は、他の条件がすべて満たされている場合、学習開始年齢で言語習得の成否が左右されるかどうかである。当該言語への接触が限定的な非英語圏であれば、前述のとおり、接触量がはるかに重要になり、学習開始年齢の重要性は失われる。

結局のところ、臨界期仮説は、認知科学的な関心――脳神経的・心理的メカニズムに対する関心――に基づくものである。たとえば、学習開始がたった数年違うだけでネイティブスピーカーになれるかどうかが左右されるとしたら、人間の脳には不思議なメカニズムが存在しているかもしれない。その意味で、知的な興味をそそるテーマである。他方、臨界期仮説から得られる政策的・実務的な示唆はほとんどない。ネイティブスピーカーになるために英語への接触年齢を政策的にコントロールする場面など現実には存在しないからである。

まとめると、日本の小学校英語政策がヒントを得られるとすれば、それは非英語圏における早期英語教育の研究である(したがって、繰り返すが、臨界期研究とは基本的に無関係である)。ただし、萌芽期の年齢効果研究が常に前述の区別を明確にしていたわけではない。一九七〇年代・八〇年代の年齢効果研究は、早期外国語教育のエビデンスのための研究なのか、それとも教育的示唆は念頭にない認知科学的研究なのか、曖昧なまま行われていたものも散見される。とはいえ、言語習得と年齢の関係を科学的に検討しようという素地があったという点は重要である。脳神経科学、心理学、言語学などの諸科学の成果に基づいた研究が蓄積されており、この姿勢は以下で見るとおり、日本の学問状況にも影響を与えた。

## 学会の組織化

以上は主に欧米の研究動向だが、日本の英語教育にも科学志向の土壌はあった。特に、アメリカの構造主義言語学・行動主義心理学が英語教育界に一気に流れ込んできた戦後は、その傾向をいっそう強めた。もっとも、研究の中心はいつの時代も中学・高校・大学を対象にしたものであり、早期英語教育は日陰の存在だった。中高大の英語教育に比べ、早期英語教育に従事する関係者ははるかに少なかった以上、無理もないことである。

そうした事情が変わり始めるのが一九八〇年代である。一九八〇年一一月に、日本で初めて早期英語教育に関する学会が立ち上げられる。日本児童英語教育学会である。

創立当初の主要メンバーは、私立小の英語教員、民間の英会話塾等の関係者、そして早期英語に理解のある大学教員（特に英語教育学者）であった。この顔ぶれからもわかるとおり、学会と言っても完全に学術志向だったわけではなく、むしろ、理論と実践の両立を目指していた。

発足当初の学会誌や関係書籍には、関係者の強い信念――たとえば、早期英語は効果的であるとか、小学校英語は改革の切り札になるはずだという信念――が率直に記されている。学会組織と言っても、児童英語の中立的な検証を目指す「サイエンスの学会」というよりは、その意義を社会に広く知らしめる運動体としての性格が強かったと言える。当時はまだマイナーな児童英語の存在感を少しでも増すためにも、学会にも早期英語の意義を訴える機能が期待されたのである。

## 児童英語における科学的言説

地位向上のためには、科学によるお墨付きが欠かせない。そこで重宝されたのが、前述の第二言語習得論や脳神経科学などのさまざまな科学的言説である。ただ、あまりに地位向上を急ぎ過ぎたせいなのか、科学の拡大解釈とも言える危うい主張も散見される。

その代表例が脳科学である。早期英語はしばしば脳と関連づけて論じられるが、実際には根拠が不確かな話も少なくない。経済協力開発機構（OECD）が「神経神話」と呼び警鐘を鳴らしているほどである。たとえば「脳神経ネットワークは三歳までに完成してしまう。それまでに学習しなければ手遅れになる」といった話がまことしやかに語られることがあるが、研究者は根拠薄弱として厳しく批判している。脳のような生物学的基盤に物事をさかのぼって説明すると何となく正しく聞こえるだけであり、実際には怪しい主張であることも多い。

早期英語と神経神話の結びつきを象徴するのが、児童英語教育学会の学会誌に載った七田《しちだ》眞の論文である（「幼児の大脳発達から見た早期英語教育の重要性」『研究紀要』第五号、一九八六年）。七田は、超科学系・オカルト系の早期教育ビジネスでは名を知られた人物で、特に右脳教育は有名である（と学会編『トンデモ本の逆襲』宝島社）。

同論文は、過去の脳神経科学者の研究やさまざまなエピソードをパッチワークでつなげながら、「六歳以前の子どもの脳には、学習を容易にするアルファ波が働いているが、六歳をすぎる子どもの脳の働きは、学習を難しくするベーター波に変わってしまう」という独特の主張を展開し、だから就学前から英語教育を開始すべきだと述べる。

脳波と学習効率の関係は不明であり、そもそも六歳以降で学習が困難になるというのは、第二言語習得論の膨大な知見と反する。六歳以降に英語を始めて優れた使い手になった人々は世界中に山のようにいる以上、この説は誤りである。

もっとも、疑似科学的な研究ばかりだったわけではない。真摯な科学的態度を堅持したまま、早期英語の効果を検証しようとした研究のほうが当然ながら多数派であった。たとえば、同学会は、早くも一九八六年から早期英語経験者の追跡調査プロジェクトを立ち上げ、早期英語の効果の実証研究に着手している(この一連の研究の科学性については7章で批判的に検討する)。ただ、いずれにせよ「早期英語は有効である」という結論を歓迎する風潮があったことは疑いなく、でなければ、神経神話を真に受けた研究が学会誌に掲載されることはなかっただろう。

以上のように、当時は児童英語に制度的なバックボーンが一切ない状態だったからこそ、その有効性を喧伝できる研究が切に求められていた。一方、二〇〇〇年代以降、公立小での英語教育が制度化され、その意義が不動のものになった後は、有効性を声高に訴えるような研究は下火になり、もっと慎重な(あるいは現実に即した)研究が増えてくる(この点は後の章で検討する)。

# 第2章　【第Ⅱ期】「実験」の時代

一九九〇年代になると小学校英語をめぐる政策論議が本格化する。その帰結のひとつとして、一九九二年から研究開発学校において小学校英語の実践が始まる。こうした新しい取り組みは、当初は一部の先進的な学校に限定されたという意味で、「実験」の時代と呼ぶことができる。本章では、この時代の経過を見ていきたい。

## 1　「国際化時代」と英語教育の議論

### 画一化の象徴とされた「公立小学校では英語を指導しない」

一九八六年の臨教審第二次答申以後しばらくの間は特筆すべき政策動向はなかったが、約五年後の臨時行政改革推進審議会（第三次行革審）において、再び小学校英語に関する議論が現れた。一九九一年一二月一二日に出された「国際化対応・国民生活重視の行政改革に関する第二次答申」の該当部分を引用する。

> 多様な初等中等教育が行えるよう学習指導要領に基づく教育課程の運用の弾力化を図る。例えば、小学校においても英会話など外国語会話の特別活動等を推進する。（傍点引用者、以下同じ）

この提言は、教育課程の弾力化の文脈で理解する必要がある。つまり、これまでの公立小学校では全国一律で英語教育を「排除」している。こうした「画一的」で「硬直化」したカリキュラムを改めるべきである。そのために、学校や自治体の判断で小学校でも英語学習を始めてよいことにせよ――要するに、このような提案である。

行革審では、自由化・規制緩和が基調とされており、小学校英語の提案もその延長線上にあった。小学校での英語指導を認めないことを、戦後教育の画一性・硬直性の象徴として扱っているわけである。

翌一九九二年二月二〇日、文部省の初等中等教育局長が、小学校への英語の導入を検討していると会見で明らかにした。これ以前の小学校英語推進の動きはいずれも非文部省系の審議会によるものだったが、今回は文部省が公式に表明したという点が重要である。ただし、初等中等教育局長は具体的な導入方法について述べたわけではなく、今後の方向性を示したに過ぎなかった。詳細はこの後の教育課程審議会などでの審議を待つ形となった。

### 研究開発学校の設置

一九九二年五月二二日、当時の鳩山邦夫文部大臣は、英語の授業を行う研究開発学校として、大阪市立真田山小学校・味原小学校を指定したと発表した。正規の教育課程で英語を教える公立小学校が誕生したという点で、小学校英語政策の歴史における重要な転換点である。

ところで、研究開発学校とは何か。読んで字のごとく、先進的な教育プログラムを研究・開発する学校である。公立小の教育課程は良くも悪くも学習指導要領の縛りが厳しいため、通常は、それを「逸脱」した教育課程は編成できない。当時、公立小学校で英語を教えることはまさに「逸脱」であったので、研究開発学校という特別な措置の中でスタートせざるを得なかったのである。

### 小学校英語に関する審議の始まり

日付は前後するが、一九九一年四月、文部省内に「外国語教育の改善に関する調査研究協力者会議」(座長：小池生夫慶應義塾大学教授)が設置された。文部(科学)省内における小学校英語に関する議論の始まりである。

同会議は、約二年間の議論の末、一九九三年七月に最終報告を発表する(「中学校・高等学校における外国語教育改善の在り方について(報告)」)。

小学校英語に言及している部分は、報告の最後の「8 外国語の学習の開始年齢の問題について」である。ただし、その是非に関して何らかの意思決定をしたわけではない。たとえば、児童期は外国語学習の適期であり、小学校から開始すれば「日本人の外国語の能力は著しく向上する」という(かなり楽観的な)考え方を紹介している一方で、同時に、日本語力や児童の学習負担の点から慎重な意見が出されたことも報告している。そのうえで、どちらがより妥当かという判断は保留している。

バランスの取れた提案と言えば聞こえはよいが、まったくの両論併記のため、結局何を提案しているのかよくわからないのが実情である。むしろそれよりも重要なのが、両論併記の後に付された「実践的な研究を一層積み上げることが肝要であり、研究開発学校等の制度を活用して研究実践を充実することが適当である」という部分である。この部分が、すでに前年から始まっていた研究開発学校での実践に「お墨付き」を与え、さらなる充実を宣言しているからである。実際、次節で見ていくとおり、これ以降、研究開発学校は爆発的に増加する。

## 2　研究開発学校では何が学ばれていたのか

### 最初期の研究開発学校

研究開発学校の先駆けである大阪市立真田山小学校の取り組みを見てみよう。同校の校長を中心に編まれた報告書である『公立小学校における国際理解・英語学習』に基づきながら確認していく。

同書は、まずユネスコの国際教育(International Education)の理念から始まり、次いで臨教審の国際化提言へと続く。この点からもわかるとおり、同校の実践は狭い意味での英語学習ではなく、国際理解教育に大きな力点を置いていた。たしかに、同校の研究テーマは「国際理解の基礎を培う小学校での英語学習のあり方」であった。

ただし、理念こそ国際理解教育を全面に出しているものの、年間学習計画を見ると、かなり英語学習寄りだったという印象を受ける。たしかに、場面設定はたとえば外国での買い物など国際的な状況を前提にしており、その点で国際色は豊かだが、多くの時間が割かれているのは与えられた言語材料（例：How much? ― One dollar, please.）を実際に使用する英会話活動である（なお、当時の中学校英語教科書も、場面設定自体は国際色豊かであった。そもそも中学校英語も国際理解を公式目標（学習指導要領上の目標）のひとつに掲げている。その意味で、国際的な題材を教材にした英会話活動はけっして斬新なわけではない）。また、同書によると、児童や保護者だけでなく教員側もこの取り組みを「英語の授業」と呼んでいた。その点で、実質的には英語学習であり、それ以前に一部の自治体で散発的に行われてきた（狭義の）国際理解教育とは大きく異なると言える。

### その後の拡大方向

その後、小学校英語関連の研究開発学校は飛躍的に増える。一九九三年度に新たに二校が、一九九四年度にさらに一二校が指定された。圧巻が一九九六年度で、一気に三五校が指定される。この結果、四七都道府県に最低一校の研究開発学校が存在する状況となる。単に数が増加しただけでなく、全国的な広がりを見せたわけである。その後、二〇〇〇年度指定分まで含めると、計六八校が研究開発学校を経験した。

研究開発テーマには一定の傾向が見られる。表２−１は、研究開発テーマを形態素解析（文章

表 2-1　研究開発テーマのキーワード
上位 10 位(1992〜2000 年度)

| キーワード | 言及数 |
|---|---|
| 育成 | 43(回) |
| 国際 | 40 |
| 英語 | 31 |
| 子ども／子供 | 27 |
| 豊か／ゆたか | 25 |
| コミュニケーション／communication | 24 |
| 活動 | 18 |
| 表現 | 16 |
| 学習 | 15 |
| あり方／在り方 | 14 |
| 英会話 | 14 |
| (テーマ総数 68) | |

出所：松川禮子『明日の小学校英語教育を拓く』に掲載のテーマ一覧に基づいて筆者作成.

を単語レベルに分解する手法)により上位のキーワードを取り出したものである。学校英語教育の文脈では当然の語(「英語」「育成」「子ども」等)を除くと、「国際」「コミュニケーション」「活動」が特徴的である。後発の研究開発学校のトレンドも、真田山小の場合と同様に、国際理解の文脈で、コミュニケーションおよび活動(アクティビティ)の側面を重視した小学校英語が構想されていたことがわかる。特に「国際」への言及数は多く、六割近い学校がテーマに含めていた。実験段階の小学校英語がいかに国際理解教育と強く関連づけられていたかよくわかる。

国際理解教育の一環としての英語活動を扱う研究開発学校は、二〇〇〇年頃にその役目を終えた。学習指導要領改訂により、そもそも普通の公立小学校でも英語活動が可能になったからである。その結果、二〇〇〇年代以降の研究開発学校はもっと進んだ内容——たとえば教科としての英語——を取り扱うようになっていった。

## 3　小学校英語推進派の理想主義

当時の学術的な動向も確認しておこう。

小学校英語に関する議論は、一九八〇年代までは主に児童英語教育者の内側にとどまっていた。しかし、九〇年代になって政策的な動きが加速し始めると、議論の輪は英語教育関係者や学界、そして一部論壇にまで広がっていった。

英語教育の主要雑誌のひとつである大修館書店『英語教育』の記事動向でもその点は確認できる（『英語教育　創刊五〇周年記念別冊』付録ＣＤ-ＲＯＭの記事見出しデータベースに基づく）。記事タイトルを見る限り、八〇年代まで小学校英語・児童英語が扱われることはほとんどなかったが、九〇年代になって記事は八〇年代の約三倍に、二〇〇〇年代には一〇倍弱にまで増える。

ただ、トーンは明らかに賛否両論だった。早期から英語を始めることの有効性を訴える人もいれば、そのデメリットを指摘する慎重派もいた。また、賛成・反対のどちらか一方に与せず、一歩引いた観点からさまざまな課題を指摘する者も、特に研究者サイドに多かった。

結果的に、非常に多岐にわたるメリット・デメリットが示され、論争も巻き起こった。それ以前は、賛成論・反対論ともに居酒屋談義のような粗雑な主張も散見されたが、論争を通して洗練したものに鍛えられた面がある。こうした議論の蓄積が、推進論の基礎を固めたと言える。

**学会アピール「小学校から英語を始めよ」**

そんな中で、小学校英語の必要性を高らかに謳い上げたのが、一九九五年六月の日本児童英語教育学会(JASTEC)の要望である。「小学校から外国語教育を!――JASTECアピール」という。

政策過程の面で極めて重要というわけではないが、原文に一般の人々がアクセスするのは現在では困難なので、骨子を紹介したい(以下、『現代英語教育』一九九五年八月号より引用)。

① 異文化理解を目的とする「外国語」を小学校一~三年生で週一時間、四~六年生で週二時間、実施する。ただし、担当教員の確保をはじめとする諸条件が整うまでは、少なくとも四~六年生で週一時間、実施するものとする。

② 授業は「聞くこと」「話すこと」を中心に、歌、ゲーム、遊び、お話などを効果的に

活用し、活動中心に進める。また、音声指導を重視する観点から、音声テープ教材やビデオなどの映像音声教材を活用する。

③　外国語によるコミュニケーションや自己表現を行なう喜びを体験させるために月に一時間以上、ＡＬＴ（外国人講師）と日本人教師によるティームティーチングの時間を設ける。

④　評価は、異文化理解に対する関心、コミュニケーションに対する意欲、「聞くこと」「話すこと」を中心にしたコミュニケーションの基礎的な技能について、授業中の観察に基づく「学習の動機づけのため」という観点からの到達度評価にとどめる。

⑤　担当教員養成のカリキュラム作成およびそれに基づく教員養成は急務であるが、当面は諸外国の例にならい、外国語のコミュニケーション能力にすぐれ、外国文化に造詣の深い、子供好きな民間人、中学・高校の外国語教員免許取得者などを一定の研修を経たのち専科教員として採用する、などの方策を講ずる。また、外国語や外国の文化に関心のある小学校教員を再教育するとともに段階的にできるだけ多くのＡＬＴを採用していく。

要点は、①一年生から外国語を開始(一〜三年生は週一時間、四〜六年生は週二時間)、②音声指導が中心、③ALTと日本人教師のティームティーチングを月に一時間以上、④評価は到達度評価にとどめる、⑤教員確保は段階的に行い、当面は地域の人材に研修を施し専科教員として採用する、である。

このうち②・③・④は穏当な主張に思えるが、①と⑤はかなり大胆な主張である。一年生から開始という提言は、その後の経過を知っている未来の私たちからすると極めて野心的な提案である。また、教員免許を有していない人を教壇に立たせるという対症療法的な提案は、(もし実現していたとすれば)戦後の教育行政史的に見て異例中の異例である。

以上の野心的な提案にも垣間見られるように、特定の政治運動には与しない(はずの)学界にすら独特の推進熱があった。もっとも、小学校英語が制度化されるかどうか未知数だった当時、早期開始の意義を叫び、動きの鈍い行政や教育関係者にアピールする必要があった以上、それは当然のことだろう。一方、行政的な後ろ盾を獲得し始める二〇〇〇年代以降、推進論の独特の熱気は急速に冷めていく。もはや意義を声高に叫ぶ段階から、知見を地道に積み重ねる段階に移行したのである。この点については次章で述べる。

# 第3章　【第Ⅲ期】模索の時代――多様性とカオスの小学校英語

本章では、第Ⅲ期の学習指導要領(二〇〇二～一〇年度、一九九八年告示)に焦点を当てる。あわせて、同学習指導要領成立に至るまでの一九九〇年代後半の政策過程も検討する。

この学習指導要領の特徴は、何と言っても、総合学習における国際理解教育の枠内で「英語活動」と称される英語教育が行えるようになった点である。同時に、この時期は小学校英語の是非をめぐる関心が教育界内外で大きく高まり、論争に発展した時期でもある。

## 1　小学校に英語がやってきた

二〇〇二年度施行の学習指導要領は、いわゆる「ゆとり教育」で知られる。「学習内容の三割削減」とセンセーショナルに報じられたこともあり、学力低下問題として衆目を集めたことは記憶に新しい。第一五期中央教育審議会が発足し、審議が始まった。

## 「総合学習での英語活動」という答申

審議において小学校英語は改革の目玉のひとつではあったが、同じく重要な論点は山のようにあり、小学校英語だけに多くの審議時間を割くわけにはいかなかった。その結果、特に総会前半ではほとんど議論がなく、一九九五年九月から発足した第二小委員会が審議の本番だった。議事録を見る限り、英語教育の重要性に否定的な委員はいなかったが、かといって小学校での導入を強く推進する委員もいなかった。むしろ、ゆとり教育における学習内容精選という大前提＝制約条件のもと、子どもへの負担を最小限に抑えた導入方法が模索されていた。

そもそも、英語の導入は、学習内容削減というゆとり教育の根本方針と鋭く対立している。しかも、英語だけでなく、国際教育や情報教育、環境教育への対応も迫られており、求められる学習内容は増えるばかりであった。多数の相反する要求を調停するという難事業が、審議に求められていたのである。

最終的には、以下の結論に落ち着いた。中教審第一次答申(一九九六年七月一九日)を見てみよう。計八万字以上ある大部の文書だが、小学校英語に触れている部分はごくわずかである。

〔審議の〕結果、小学校における外国語教育については、教科として一律に実施する方法は採らないが、国際理解教育の一環として、「総合的な学習の時間」を活用したり、特別活動などの時間において、学校や地域の実態等に応じて、子供たちに外国語、例えば英会話等に触れる機会や、外国の生活・文化などに慣れ親しむ機会を持たせることができるようにすることが適当であると考えた。

小学校段階から外国語教育を教科として一律に実施することについては、外国語の発音を身に付ける点において、また中学校以後の外国語教育の効果を高める点などにおいて、メリットがあるものの、小学校の児童の学習負担の増大の問題、小学校での教育内容の厳選・授業時数の縮減を実施していくこととの関連の問題、小学校段階では国語の能力の育成が重要であり、外国語教育については中学校以降の改善で対応することが大切と考えたことなどから、上記の結論に至ったところである。

ポイントは、公立小学校の教育課程内で英語教育を扱うことを妨げないが、教科として一律に実施はしないという点である。必修化・教科化からはほど遠いものの、英語が全国一律に小学校の埒外に置かれていた以前の状況に比べると大きな進展である。

もう一点重要なのが、「総合的な学習の時間」(以下、総合学習)を利用する形での導入である。教科名に「外国語」などを冠したプログラムが用意されたわけではなく、あくまで総合学習の一部として運用されるという形である。

そもそも総合学習は、この答申の目玉として新設されたものである。ゆとりを維持したまま新時代に対応した内容(国際化・情報化・環境問題等)を盛り込むという難題を前にして、総合学習は画期的な「発明」だった。ちなみに、英語活動だけでなく、同じくこの改革の目玉であった情報教育や環境学習も、総合学習で取り扱うことに決まった。総合学習はいわば「なんでもボックス」として機能していたのである。

## 早期英語への期待感、教科化への警戒感

総合学習を利用した英語活動に対して、委員の多くはどちらかと言えば好意的だった。議事録を読むと、強硬に異論を挟む委員はおらず、スムースに決まったことがわかる(むしろ、スムース過ぎたと言ったほうがよい。ほとんど熟議らしいものがなかったからである)。

特筆すべきは、多くの委員が教科扱いされることに強い警戒感を示したことである。それも無理はない。この決定によって小学校教員や保護者の英語熱が暴走し、英語の知識を教え込ん

だり、技能のトレーニングに勤しむようなことになれば、ゆとり教育の理念を毀損しかねないからである。さらに、英語熱がヒートアップし、全国の小学校が競って英語を導入するようなことになれば、総合学習の理念――各学校が実情に合わせて主体的に学習テーマを設定する――は骨抜きにされてしまう。

第二小委員会の座長・木村孟《つとむ》（東京工業大学学長）は答申の直前に記者から、子どもの英語力に差が出ることで受け入れ側の中学校に混乱が生じるのではないかと問われ、つぎのように回答している。

> 小学校では、知識を詰め込むのではなく、国際理解のために親しませてほしい、といっている。教科としてではなく、あくまで遊び感覚でやることを考えている。（『朝日新聞』一九九六年六月二四日）

遊び感覚でやるのだから教科のようにはならない。しかも、遊びで慣れ親しむだけなのだから、子どもの間に深刻な英語力格差は生まれない、中学入学時にスタート段階がそろわず困るようなこともないという返答である。

しかし、この認識は皮肉な結末を迎える。この約一〇年後の二〇〇八年、ほかでもなく小学校卒業生の英語力格差が問題視され、その解消のために、小学校英語の必修化が決定されるからである(4章)。

## 2 総合学習での英語活動

一九九六年の中教審答申は、小学校英語に関する部分についてはほぼそのまま一九九八年七月二九日の教育課程審議会答申「幼稚園、小学校、中学校、高等学校、盲学校、聾学校及び養護学校の教育課程の基準の改善について(答申)」に引き継がれる。それを受けて、同年一二月一四日に学習指導要領が改訂される。

では、総合学習における英語活動とは具体的にどのような取り組みだったのだろうか。

### 伝統的語学とは異質の「外国語会話等」

総合学習での英語活動は、英語教育史的に見て大きな転換である。公立小学校の正規のカリキュラム(つまり学習指導要領)に、史上初めて英語学習が書き込まれたからである。たしかに、必修でもなければ英語に類する言葉を冠した科目がスタートしたわけでもないが、それ以前の「公立小＝全国一律に英語は扱わない」という画一性が崩されたわけである。

ただし、総合学習での英語活動は、私たちが英語学習と聞いてイメージするものとは相当のギャップがある。同学習指導要領（第一章 総則 第三項）によれば、第一に、総合学習は必修である（小三以上で週三コマ）が、その時間に何を学ぶかは各学校が自由に決めてよい。第二に、その内容として、国際理解に関する学習を選ぶことができる。第三に、国際理解を選んだ場合、「外国語会話等」を行ってもよい。要するに、さまざまな選択肢の中から「外国語会話等」（＝事実上、英会話だった）という教育内容を選び取れることになったということである。

当然ながら、小学校の中には国際理解以外の内容、たとえば情報や環境学習、地域学習を選ぶところも存在した。また、国際理解教育に取り組んでいても外国語には手を出さない学校もあったし、外国語会話をやったとしても必ずしも英語である必要はなかった。

表3–1は、文科省が二〇〇五年に行った総合学習の実施状況に関する調査結果である。これによると、国際理解は必ずしも多数派ではなく（小五で全単元のうち一八％、小六で二七％）、たとえば地域学習や文化・伝統に関する学習のほうが人気があった。このように、二〇〇二年に始まった「小学校英語」（と便宜的に呼ぶもの）は、私たちが今日イメージする英語教育とはかな

り異なるプログラムだったのである。

### 国際理解教育のため

では、実際にどのような教育内容が想定されていたのだろうか。学習指導要領は、大綱を示すだけの文書であり、具体的な話は何も書かれていない。この場合、普通の教科であれば学習指導要領の『解説』に記載があるのだが、英語活動についてはそれもない。英語は総合学習のあくまでひとつのオプションに過ぎないからだろう。

**表 3-1** 総合学習の内容(2005 年, 文科省調査)

| | 小 5 | 小 6 |
|---|---|---|
| 環境 | 35% | 19% |
| 地域のくらしや産業 | 34 | 24 |
| 文化や伝統 | 29 | 34 |
| 自己の生き方 | 27 | 35 |
| 情報 | 26 | 24 |
| 食に関すること | 26 | 11 |
| 国際理解(英語活動を含む) | 18 | 27 |
| 福祉 | 15 | 18 |
| 健康 | 14 | 8 |
| その他 | 7 | 11 |

集計単位は学習単元. 複数回答可のため, 合計は 100% を超える.
出所：文部科学省ウェブサイト.

具体的な記述があるのは、二〇〇一年に文部科学省から出された『小学校英語活動実践の手引』(以下、『手引』)である。あくまで手引きなので、法制度的な拘束力はないが、文部省に二〇〇〇年に設置された「小学校英会話指導の手引等作成協力者会議」での審議をもとにしたもので、英語活動関係では最も公的性格が強く、ここから文部省の方向性を窺うことができる。

なお、同書のタイトルに「英語活動」という用語が登場している。英語教育行政ジャーゴンで、総合学習における「外国語会話等」のことを(特に対象言語が英語のとき)、英語活動と呼ぶ。つまり固有名詞である。前章でも「英語活動」という語を使ってきたが、それらは単に「英語の活動」を意味する一般名詞である。ややこしいが、本書でも両者を併用するので、文脈から判断してほしい。

『手引』冒頭の英語活動のねらいを要約するとつぎのとおりである――変化の激しい社会に対応できるように、子どもの「生きる力」を育成しなければならない。この目的のもと、総合学習は導入された。その柱である国際理解教育は、子どもたちが国際化時代を生き抜くうえで重要である。国際理解教育の構成要素に、外国語によるコミュニケーション能力の育成がある。英語活動は、外国語の中でも国際的通用性が高い英語に焦点化したものである――。

総合学習の理念から始まって、国際理解の意義、外国語コミュニケーション能力を育成する意義、英語コミュニケーション能力育成の意義という具合に、焦点が徐々に狭まっていることがわかる。表面上は一応、筋が通っているが、この手の文書の目的記述は建前としての性格が強く、必ずしも字句どおりに理解すべきものではない。

むしろ、前節で見た中教審の審議過程を考慮するなら、総合学習への英語の導入は妥協の産物という側面のほうが強いだろう。英語早期化と学習内容削減という二つの相反する要求を同時に満たす最適解がこの英語活動だったからである。

### 音声・国際理解・体験の重視

以上の事情から、内容的には国際理解教育色が強く、学習活動としてはスピーキング（英会話）に比重を置いた実践が多数派となった。実践の特徴はつぎの三点にまとめられる。つまり、（A）音声面の指導が中心、（B）テーマ別でカリキュラムを構成、（C）国際理解に関する内容を、英会話を通して体験的に学ぶ。

これは、中学英語・高校英語のアンチテーゼとされている。これと同様の内容を否定文で表現すると、（a）文字の学習は行わない、（b）文法事項を積み上げていく形でカリキュラム編成をするわけではない、（c）知識として外国の事情を学ぶわけではない、となり、教科学習と一線を画していることがわかる。

実際、文科省の見解でも、先の『手引』をはじめとして、「英語教育」という表現は慎重に避けられる傾向がある。「英語学習」ですら使われない場合もある。「英語活動」という独特のラベルが考案されたのも、教科のニュアンスを帯びがちな「教育」「学習」という語を避けるためだった面もある。

表 3-2　英語活動実践事例(見出しのみ)

| |
|---|
| I know it! (私も知っている英語)／Hi, I'm Taro (私は太郎です)／What's this? (これはなんでしょう)／What color do you like? (これはどんな色)／Big or small (大きい帽子と小さい帽子，どっちにしよう)／Face and body (鼻はなんていうのかな)／How many steps? (いくつ進めるかな)／What day is it? (今日は何曜日かな)／What do you like? (私の好きな動物)／How's the weather in Vancouver? (バンクーバーのお天気はどうですか)／Where's the department store? (デパートはどこですか――ALTの故郷，メルボルンを歩こう)／How much is it? (買い物に行こう)／Food from around the world (世界の食べ物)／Happy New Year! (地域の外国人を招いて――違いを認め友達になろう) |

出所：文部科学省『小学校英語活動実践の手引』.

こうした特徴は、『手引』に紹介されている実践事例にもよく表れている(表3-2参照)。どの実践事例でも、英語に「親しませる」「感じさせる」という目標が設定されている一方で、「～を覚える」「～を使いこなせるようにする」という文言は一切ない。表3-2には英会話フレーズのようなものも並んでいるが、これらをそのまま覚える・使えるようになることがねらいではなく、あくまでこれらを通して国際的な理解を育むというのが建前である。

**学級担任が指導の中心**

日本の小学校英語が、教科ではなく、総合学習として始まった点は非常に重要である。なぜなら、このスタート地点が、その後の小学校英語のあり方を大いに規定したからである。その初期条件のひとつは前述の国際理解志向であるが、もうひとつが学級担任主導で行われたという点である。

学級担任が英語活動を担うのは大前提だった。なぜなら、総合学習の趣旨から言って、英語講師を他所から連れてきて代わりに教壇に立ってもらうことなどあり得なかったからである。

当時の小学校教員の大多数にとって、英語指導は完全に未知の領域であった。英語指導経験のある小学校教員もいることはいたが、全体から見ればごくわずかであった（二〇〇四年の調査では中学・高校の英語の教員免許をもつ小学校教員は全体の三・七％）。多くの小学校教員にとって、英語活動を扱うことは非常に大きな挑戦だったことは想像に難くない。

実際、当時の英語活動の実践記録には、試行錯誤する教師の様子が描かれている。ただし、「英語ができなくて大変だ」という悲鳴ばかりではなく、むしろ新時代の教育実践を創りあげようとする意気込みにあふれていた。

「新しい教育実践」として英語活動を大いに支援していた松川禮子は、当時の学級担任の奮闘をつぎのように評価する。

> 多くの小学校が、「国際理解教育と英語教育をつなぐ」、「英語教育を通して国際理解を達成させる」という未開拓の分野に取り組みました。〔……〕英語に不慣れで尻込みしなが

らスタートした先生が、英語を単なる技能教育として捉えることを超えて、「子どもと英語との出会いを変えたい」と思うようになりました。小学校教育の実践者としての長年のキャリアを生かしながら、子どもたちのいま現在の学びを豊かにすること、子どもたちに英語を使って何を経験させれば、世界へ目を向けさせることができるかが追求されました。（大津由紀雄編著『小学校での英語教育は必要か』二六〜二七頁）

小学校教員の豊かな対応力・創造性が伝わってくる描写だが、穿った見方をすれば、英語活動をあえて選択した学校・教員だったからこその成果とも考えられる。総合学習に何を扱うかは自主的な選択に任されていた以上、初期の成果は、英語活動に対する能力・適性や興味・関心、そして覚悟が備わった学校・教員によって生み出されていた面が大きい。同じだけの対応力・創造性が、来る必修化の場合にも期待できるかどうかは未知数であった。

### 食い違う指導者像

ところで、この『手引』の指導者観は、同時期に文科省から出された「「英語が使える日本人」の育成のための行動計画」（以下、「行動計画」。詳細は次章）とかなりトーンが異なる。

「行動計画」は、小学校英語において、「ネイティブスピーカーなど高い英語力を有する者の活用が重要」であり、したがって、「〔英語活動の〕実施回数の三分の一程度は、ネイティブスピーカーや中学校の英語教員等による指導が行えることを目標」にすべしと述べている。

つまり、「行動計画」では、英語の堪能な人間に指導させたほうがよいと暗に言っているのである。学級担任主導を大前提にしていた総合学習の英語活動に比べると、明らかに教科寄りの指導者観であり、文科省内でも政策形成が不統一だったことを物語っている。事実、『手引』をとりまとめた「小学校英会話指導の手引等作成協力者会議」と、「行動計画」をとりまとめた「英語教育改革に関する懇談会」(二〇〇二年)では、重複している委員が一人もいなかった。おそらく、議論の引き継ぎも意思統一もあまりなかったと考えられる。

## 国際理解活動らしさとは

ところで、国際理解教育と英語学習の関連性は必ずしも自明ではない。当時から、日本語を通して学んだほうが国際理解が深まるのではないかとか、世界中に数多の言語があるのに英語だけに特化するのはむしろ「国際不理解」であるといった批判は寄せられていた。

それに対する応答としては、大別して、英語は国際共通語であるからという通用性を重視した擁護と、外国語の中で英語が最も教材が充実しているからという実務面からの擁護がある。

また、教育実践では、外国や異文化を素材にした内容を扱うことで国際理解教育との接点を担保する工夫がなされている。つまり、国際色豊かな場面設定・素材——たとえば、外国人旅行客に道案内する場面や外国での買い物——が導入されており、単なる機械的な言語学習とは一線を画している。

しかしながら、この「国際理解教育らしさ」は、中学・高校の学校英語をよく知る人にとって大してユニークなものには映らないだろう。むしろ、英語の教科書は、戦後初期から（正確には戦中を除く戦前から）異国文化あふれるものであった。しかもおよそ一九八〇年代頃からは、英語圏だけでなく非英語圏を含めた世界各国の人・文化に目配りをしたコスモポリタンな作りになっていた。そもそも、日常的な英語使用ニーズが不確かだった日本では、英語スキルの育成だけに限定するのは現実性に乏しく、その結果、文化学習・国際理解学習にも相当の比重が置かれてきたという経緯がある。前述のとおり、小学校の英語活動は理念的には中学・高校の英語教育のアンチテーゼとしての性格を備えていたが、反面、カリキュラムや授業の組み立て方、教材の編成の面では伝統的な英語教育の影響下にあったことは間違いない。

## 3　教育特区での小学校英語

総合学習における英語活動が二〇〇〇年代の小学校英語の本流だが、それとは別に、いわば「傍流」の小学校英語も存在した。それが特区における英語教育である。

特区とは構造改革特別区域の略で、二〇〇三年四月にスタートした。規制緩和政策の一環であり、特区に認定された地方自治体は、従来の法的規制に縛られずに自由な政策を行うことができる。この制度の教育版が教育特区である。

### 英語特区

教育特区に認定された自治体は、国の指定する教育課程、つまり学習指導要領を超えた教育内容が提供できる。小学校英語関連の特区第一号(二〇〇三年四月認定)である群馬県太田市の「太田外国語教育特区」は、英語だけでなく他の教科もすべて英語で行うイマージョンプログラムで注目を集めた(第I部扉写真参照)。また、同年五月に認定された東京都荒川区「国際都市「あらかわ」の形成特区」では、一年生から教科の英語が導入された。教科化は当時の学習指導要領の縛りを明らかに超越しているが、特区だからこそこのような「抜け駆け」ができたのである。

二〇〇三年に一六自治体が英語教育系の特区として認定され、その後、〇四年に二四自治体が、〇五年に一五自治体が、〇六年に二一自治体が新たに認定され、着実に数を増やした（なお、〇八年より「教育課程特例校制度」に移行した。文科省の資料によれば、二〇一七年四月時点で累計二三九二校が指定されている）。

特区の小学校が普通の公立小と異なる教育に取り組んでいたのは間違いないが、だからと言って驚くほど斬新なことをしていたわけではない（全国的にも珍しいイマージョンプログラムを導入した群馬県太田市は例外である）。私立小学校や研究開発学校で行われている英語教育を、当地の公立小学校の文脈にあわせてローカライズしたものがほとんどである。

さらに、地域の独自性を旗印に始まった特区制度だが、画一化という皮肉な帰結ももたらした。青木純一は、教育特区に申請した自治体の計画書を分析し、「その自治体ならでは」といった必然性が感じられない、金太郎飴的なプログラムが多数観察されると評している。規格化の代表例として青木が指摘するのが、小中連携教育、そして英語教育だった。

## 英語特区の取り組み

特区の具体的な取り組みについて一瞥しよう。長野県下諏訪町、埼玉県新座市、埼玉県戸田市、東京都荒川区の四つの英語特区についてケーススタディを行った瀧口優の研究によれば、いずれも小学校一年段階という比較的早期から英語プログラムを始めているものの、教育課程を大規模に改編しているわけではなかった。既存の教科の時間(たとえば生活科や総合学習)を英語に振り分けることでせいぜい週一時間程度を捻出している状況だった(冨田祐一らの研究グループが行った学校アンケートでも同様の数字が出ている)。

また、どの自治体でもALTの独自採用・配置に力を入れている点は特徴的である。なお、各自治体の指導案を見る限り、典型的な英語の授業であり、国際理解教育としての側面は限りなく後景に退いている。前述の文科省『小学校英語活動実践の手引』で示されていたような、外国に関する素材を扱うことで国際理解との関連性をアピールするといった工夫すら見られない。

## 英語特区のプロフィール

ところで、英語教育特区に名乗りをあげた自治体にはどのような共通点があるだろうか。結論から言うと、少なくとも社会経済的な点で何らかの特徴を見出すことは難しい。

たとえば、財政的に余裕がある自治体のほうが先進的な英語教育に取り組んでいそうな気もするが、各自治体の財政指標を見る限り、そのような傾向は見られない。二〇〇七年までに英語特区に認定された八四市区町村の財政力指数(二〇〇五年)は平均で〇・六九であり、全国平均(〇・五二)よりは高いものの、突出しているというほどではない。特に、〇・四〇未満の英語特区も一七%(一四自治体)含まれており、必ずしも裕福な自治体だけが英語特区に名乗りをあげたわけではない。

また、外国人住民比率や訪日外国人客数などのデータも確認したが、やはり一般的な傾向は見出せない。外国人住民の多さが(建前であれ何であれ)申請理由のひとつだった群馬県太田市のような自治体もあれば、日常で外国人をほとんど見かけないような自治体もあった。一般論として言えば、現代はモータリゼーションやＩＴの進展のおかげで、地方であっても国際化施策の重要性は実感しやすい。したがって、英語特区の施策が、各自治体の人口動態的・物理的な国際化を直接反映していたわけではないだろう。

むしろ、社会経済的要因よりも、各自治体の首長(場合によっては教育委員会)のリーダーシップ・教育理念の影響のほうが大きかったと考えられる。実際、前述の瀧口によれば、長野県下諏訪町では町長のイニシアチブが重要な役割を果たしたという。

## 先進的プログラムの成果は？

では、結局のところ、英語特区や研究開発学校はどれだけ成果を挙げたのだろうか。

結論から言うと、成果は必ずしもはっきりとしない。教育改革では、目新しいプログラムを鳴り物入りで始めた学校が大きな注目を集め、「○○校詣で」のように全国から視察者が殺到することがよくあるが（有名どころでは杉並区立和田中学校や広島県尾道市立土堂《つちどう》小学校）、小学校英語についていて言えばあまりそのような例がない。もっとも、関係者は全国の学校への視察を地道に行っているが、各地から大きな成果が報告されているわけではないことも事実である。

これについては仕方ない面もある。第一に、特区や研究開発学校の多くは、既存のカリキュラムの一部のみを先進的にしただけで、大規模な組み換えを行っているわけではないため、劇的な変化を期待しにくい。もっとも、「劇的な変化」にはポジティブなものだけでなくネガティブなものもある以上、リスクを避けるという点で極めて賢明な判断である。

第二に、英語教育の成果は数年で目に見えて表れるようなものではない。日本のような典型的な非英語圏において英語力の形成には十年単位の地道な学習が必要であり、週一時間から数時間程度の授業ですぐに効果が表れることは期待できない。

第三に、成果が抽象的な表現――たとえば「子どもが積極的にコミュニケーションをとるようになった」――でアピールされることが多く、インパクトに欠ける。英語特区や研究開発学校の成果を評価するのは、「成果測定専門官」のような行政官ではなく、多くの場合、その学校の教員である。したがって、評価記述は抽象的なものになりがちであり、しかも、良い面をできるだけ探したいという心理が働き、ポジティブな評価に偏りがちである。

そもそも、英語特区に限らず、先進的な取り組みの成果を解釈する際には細心の注意が必要である。まず、ホーソン効果の名で知られているように、先進的なプログラムに取り組んでいる人々は、しばしば通常では考えられない素晴らしいパフォーマンスを発揮する。見られている・期待されていると感じることで士気が高まるためである。

また、研究開発学校に顕著だが、先進的な取り組みを始める学校にはそれが可能なだけのリソース(予算、ノウハウ、教員の士気など)がある場合が多い。

さらに、改革の渦中にある関係者、特に首長・教育長・学校管理職は、成果を過大にアピールする傾向がある。利己的な動機以上に、現場の努力を激励する面が大きいと思われるが、いずれにせよ中立的な評価をしにくい土壌があるのは事実だろう。したがって、たとえ先進校で成果が出たとしても、そのプログラムを普通の学校に移植して同じような成果が出るとは限らないのである。

## 多様性とカオスの小学校英語

二〇〇〇年代を特徴づけるのは、実践の多様さである。学習指導要領で標準的な内容が規定されていない以上、これは当然である。

公立小での英語学習は、大雑把に言って、総合学習における英語活動、特区での英語教育、研究開発学校における英語教育という三つのパタンがあり、それぞれが非常に多様な形で取り組まれていた。数として最も多いのは総合学習での英語活動であるが、英語特区や研究開発学校での取り組みは注目を集める分、それだけ存在感も大きかった。そして、英語学習を行わないことを選択した学校(つまり、総合学習で英語活動以外の内容だけを選んだ学校)も少数派ながら存在した。

この状況は、良く言えば多様性であるが、悪く言えば混沌状況である。開始当初こそポジティブに評価されていた多様性も、しばらくすると問題性のほうがクローズアップされるようになっていく。こうした懸念が、その後、小学校英語の必修化の原動力のひとつとなっていく

（4章参照）。

## 4 小学校英語論争の勃発

つぎに、小学校現場の外に目を向けてみよう。二〇〇〇年代、小学校英語をめぐり社会全体を巻き込んで大きな議論となった。

小学校英語が、英語教育関係者だけでなく、一般の人にも注目を集めた理由はいくつか考えられる。

第一に、誰しもが一度は英語教育を受けたことがあり、しかもその成果については不満も大きい。文部省の教科調査官を務めた和田稔は、文部（科学）省が九〇年代末から小学校英語推進に舵を切った理由として、世論の英語に対する怨念と憧憬を指摘している。つまり、日本人の多くは英語ができたらどんなに素晴らしいかという憧れを抱いているが、その期待は学校英語教育に見事に裏切られてしまったため、その恨みが英語教育改革を望む声として表出したという。いささか観念的な説明ではあるが、小学校英語を望む世論があったこと、そしてその世論の背後に「小学校から英語を学べばもっと成果が出るはずだ」という素朴な信念があったことは間違いない。実際、第5章で見るとおり、二〇〇〇年代以降のいずれの世論調査でも、小学校英語は常に七割以上の支持を得ている。

第二に、この論争のわかりやすさである。本書「はじめに」でも紹介したとおり、小学校英語の是非に関する世論調査では「わからない」を選ぶ回答者が際立って少なく、多くの人は小学校英語について何らかの意見をもっている。実際にきちんと理解しているかどうかはさておき、大多数の人にとって小学校英語は「わかりやすい政策」であり、議論・論争への参入障壁もその分低い。

## 一枚岩ではない賛成派・反対派

小学校に英語を入れるべきか否か。新聞やオピニオン誌はもちろん、テレビ番組やインターネットの個人ブログ、はては学校や就活面接のディベートの「お題」に至るまでさまざまな媒体で意見が争われた。

中でも最も有名な論争と言えるのが、慶應義塾大学で二〇〇三年から〇五年まで毎年行われたシンポジウムである。特に第一回は、賛成・反対双方の論者が登壇して互いに意見をぶつけあっていたので、まさに「論争」の体をなしていた(『小学校での英語教育は必要か』に所収)。

登壇者のうち、反対派と見なせる論者は、このシンポジウムの主催者である言語学者の大津由紀雄、元同時通訳者で英語教育学者の鳥飼玖美子、元文部省教科調査官で同じく英語教育学者の和田稔である。一方、賛成派としては、英語教育学者の松川禮子（当時岐阜大学教授、その後岐阜県教育長）、英語学者の唐須《とうす》教光《のりみつ》、英語教育学者の冨田祐一、京都市指導主事の直山木綿《ゆう》子《こ》（その後文部科学省教科調査官）が並ぶ。

この人選が見事なのは、決して一枚岩ではない小学校英語賛成派の主張が、この顔ぶれで大方カバーされているからである。わかりやすい賛成論と言えば、たとえば「早くから始めたほうが英語が身につくから小学校から始めよ」という主張だろうが、このようないわば「大衆的賛成論」を述べたのは唐須のみで、その他の論者——松川、冨田、直山——の議論は、それとは異なる。この三者の主張はやや特殊なので簡単に解説したい。

かれらはいずれも、小学校英語を日本人の英語力向上の切り札としては見ていない。そうではなく、英語活動で子どもにコミュニケーション活動を体験させることで、従来の小学校教育が提供できていなかった豊かな学びを実現できるという主張である。もっとも、「豊かな学び」として何を想定するかは三者それぞれ異なり、松川は小学校教育文化の変革を、冨田は国際理解意識を、そして、直山はコミュニケーション教育（母語も含めた会話・伝え合いへの態度育成）の側面をそれぞれ重視している。とはいえ、学級担任主導の現行の英語活動を大前提にした賛成論を展開している点は共通している。だからこそ、英語力育成という目標を前面に出さず、むしろ小学校英語を安易に中学校英語の前倒しにすべきではないと警鐘を鳴らす。

詳しくは第4章に譲るが、この「非大衆的」な小学校英語論が初めて体系的に展開された点は、極めて重要である。小学校英語(あるいは児童英語)と言えば通常は「耳のよいうちに始めてリスニング力をアップさせる」「早めのスタートで中学から差をつける」といった英語力育成論をイメージするのではないだろうか。しかし、こうした大衆的賛成論とは大きく異なる、いわば総合学習肯定型の賛成論が、英語活動の現場に携わってきた研究者から提示され、そして、関係者の支持も集めつつあったのである。

もう一点重要なのは、大衆的賛成論ではなく、非大衆的賛成論こそが、二〇一一年からの外国語活動のコアをなした点である。外国語活動の水路づけには、「早くから始めたほうが英語ができるようになる」という素朴な期待(幻想?)ではなく、二〇〇〇年代の総合学習の蓄積が大いに貢献したのである。

## 地道な研究の蓄積

論争のような派手な議論と並行して、学問的基盤も地道に整備されつつあった。第1章で指摘したように、八〇年代の早期英語教育研究には学問的に疑問のあるものも散見されたが、そうした非科学的・疑似科学的な研究は次第に「駆逐」されていった。その背後に関係者の質向上への努力があったことは疑いないが、それ以外にも社会的・時代的な要因を付け加えることができる。

第一に、必修ではないにせよ英語活動が公式の教育課程に入ったことで、以前に比べはるかに多くのリソース(予算および支援者・研究者などの人的リソース)が投入されたことである。

第二に、それとも関連するが、大学で英語教育に携わる研究者が支援・助言のために(そして、場合によってはデータ収集のために)大量に小学校現場に入ったことである。その結果、小学校英語教育学者と呼び得る研究者が急増した。これを象徴するのが、二〇〇〇年の小学校英語教育学会の誕生である(前述の日本児童英語教育学会とは別組織)。

第三に、制度化が一部達成された以上、現状を漸進的に改善していくような地道な研究が好まれた。制度化前であれば、少々無理のある理屈でも早期英語の効能を声高に喧伝する研究がもてはやされたところだが、もはやその段階ではなくなった。ホームランねらいで大振りをするよりも、堅実につないでいくような研究が求められたのである。

第四に、早くから始めれば英語が身につくはずだという信念が、実証研究の蓄積によって、もはや迷信に過ぎないと認識され始めた。第1章で述べたとおり、八〇年代から行われてきた早期英語経験者と非経験者の比較研究は、早期開始の有効性を明らかにしたいという関係者の「悲願」に動機づけられていたが、その期待とは裏腹に、有効性の証明は首尾よく行かなかった（具体的な研究事例は7章を参照）。むしろ、開始年齢よりもその他の環境要因（たとえば、接触量や指導者の質）のほうがはるかに重要だということは、当時の海外の英語教育研究でも指摘されていた（バトラー後藤裕子『英語学習は早いほど良いのか』、Ortega, L. *Understanding Second Language Acquisition*, Chapter 2を参照）。このように国内的な研究蓄積と国際的トレンドが相まって、早期開始の有効性を裏づけることを目的としたナイーブな研究ではなく、複雑なメカニズムを探究する深い研究にシフトしたと考えられる。

# 第4章 【第Ⅳ期】「外国語活動」の誕生

賛否両論の中で始まった総合学習における英語活動は、早くも数年でつぎのフェーズに移る。二〇〇〇年代中頃から文科省において小学校英語のあり方の見直しが行われ始め、最終的に、二〇一一年から外国語活動が必修化された。

本章では、ここに至るまでの政策的経緯について述べ、あわせてその背景を論じたい。

## 必修化まで

外国語活動必修化の端緒は、二〇〇四年四月に発足した中教審教育課程部会外国語専門部会である。同部会は、二〇〇六年三月二七日に審議のまとめを発表し、その中で小学校英語の必修化を提案する。その提案を受けて中教審教育課程部会は議論を続け、二〇〇七年末に小学校五・六年(週一時間)での必修「外国語活動」の提案を含む答申案を発表する。これは中教審答申として承認され、二〇〇八年三月改訂の新学習指導要領に盛り込まれる。

二〇一一年四月、同学習指導要領の施行とともに、小学校五・六年で週一時間の外国語活動が、全国の公立小で始まった(なお、移行措置として、二年前の〇九年四月から開始した学校も多い)。外国語活動は、さまざまな面で中学・高校の伝統的な英語の授業と一線を画す。代表的な相違点が、英語力育成よりも、学習態度や異文化理解、会話への積極性といった情意面を重視する点である。また、「教科」ではなく、数値で成績評価をしない「領域」とされた。こうした位置づけもあって、第一の指導者は学級担任とされた。

## 1 「グローバル化時代の人材育成」と英語教育

中教審での議論を見る前に、それ以前(二〇〇〇年代前半)の動向について確認したい。

**経団連提言「グローバル化時代の人材育成について」**

二〇〇〇年三月二八日、経済団体連合会(旧経団連)が提言「グローバル化時代の人材育成について」を発表する。タイトルが示すとおり、英語教育に特化した提言ではないものの、英語教育に対する要望が全体の二割弱と、特に目につく。

冗長な記述が続くので引用は省くが（原文はウェブで閲覧可能）、小学校英語に関する主張の要点はシンプルである。グローバル化で英語力の必要性が増しているが、旧来の伝統的な英語教育は成果を上げていないので、学習開始年齢を下げたうえで、音声指導中心に変えるべきだという主張である。

ただし、抽象的な文言が多く、具体的にどの規模の改革をねらっているのかわかりづらい（教育政策形成の非専門家である財界人の提言にはよくあることである）。たとえば、「「総合的な学習の時間」を活用して、英語に触れる機会をできるだけ創るべき」という提言があるが、前章で見たとおり、多くの学校は言われるまでもなく行っていた。また、「少なくとも小学校段階からの英語教育の開始」を要望している箇所もあり、一見大胆な提案であるが、小学校一年から始めるのか高学年からなのか、そして、必修化なのか各校の判断に任せるのかは記されておらず、解釈次第で印象が大きく変わる。

この提言の大部分が、後述する文科省「「英語が使える日本人」の育成のための行動計画」（二〇〇三年三月）に盛り込まれたとされている（水野稚「経団連と「英語が使える」日本人」）。この点をもって、財界が英語教育に影響力を行使した証左とされることが多い。英語教育全体として見ればその傾向は事実だろうが、小学校英語に限るならば財界の影響力は少々わかりづらい。

## 英語指導方法等改善の推進に関する懇談会

旧経団連提言の少し前、二〇〇〇年一月に文部省内に設置された「英語指導方法等改善の推進に関する懇談会」でも小学校英語について議論された。

同懇談会は、二〇〇一年一月一七日に報告書を提出し、その役目を終える。小学校英語についても非常に長い報告を行っており(全文がウェブで閲覧可能)、要点はつぎのとおりである。

第一に、総合学習における英語活動は、国際理解教育の一環として体験的な活動を重視するものであり、中学校の前倒しは避けるべきである。第二に、指導者の養成として、小学校教員の研修、ＡＬＴ等英語に堪能な人材の小学校への派遣、中学校英語教員が小学校を支援できる体制づくりが必要である。第三に、英語活動の総合的な研究(実施状況調査や研究指定校の活用)を通し、「教科としての英語教育の可能性も含め今後も積極的に検討を進める」。

大胆な提案は一切ない。一番目は英語活動の趣旨の再確認で、二番目・三番目は指導体制および研究体制の充実の訴えである。これらの意義を否定する人など皆無だろう。もっとも、文部(科学)省内の懇談会である以上、実現可能性の低い無責任な提案をするわけにもいかず、穏当な主張になるのも当然である。

ただし、三番目の提案箇所で、教科化の可能性を匂わせた部分は注目に値する。教科化への期待は、財界・世論・英語教育関係者を含め、すでに広く浸透していたが、文科省の懇談会の報告書として提案されたことは大きな「前進」であり、後の政策論議の伏線となる。実際、この三年後の中教審外国語専門部会では、教科化の是非について熱い議論が繰り広げられることになる(次節)。その部会で教科化推進の旗を振っていた座長こそが、この懇談会の座長でもある中嶋嶺雄(東京外国語大学学長)だった。

### 「「英語が使える日本人」の育成のための行動計画」

二〇〇三年三月三一日、文科省は「「英語が使える日本人」の育成のための行動計画」(以下、「行動計画」)を発表した。「行動計画」は、小泉純一郎内閣における「経済財政運営と構造改革に関する基本方針二〇〇二」における「人間力戦略(個性ある人間教育)」を受けて、文科省が今後の英語教育政策について方向性を示したものである。旧来の英語教育に不満をもっていた人々には歓迎されたが、野心的な(あるいは誇大妄想気味の)提案も多く、英語教育関係者には必ずしも肯定的に受け入れられたわけではない(なお、「行動計画」の前身として、二〇〇二年七月一二日に発表された「「英語が使える日本人」の育成のための戦略構想の策定について」があるが「行動計画」の検討で事足りるので、本書では省略する）。

この政策の画期的な部分は、第一に、文部省が、既存の英語教育事業のメンテナンス（学習指導要領改訂に関わる調査研究や審議、施策実施に関わる条件整備など）を中心とした従来の受け身の姿勢から、積極的に政策提言を行う「攻め」の姿勢に転じたことである。第二に、以前にはあり得なかった、達成目標の明示である。以上は、文科省が従来の「事業メンテナンス官庁」（元文科官僚・寺脇研の言葉）から政策提言志向に変わってきた結果だと言えるだろう。

以下、「行動計画」の小学校英語に関係する部分をそれぞれ確認していこう。

前章でも引用したが、達成目標として「〔英語活動の〕実施回数の三分の一程度は、外国人教員、英語に堪能な者又は中学校等の英語教員による指導を行う」と述べている。

それ以外には、以下のような三つの観点から提案がなされている。

第一に、指導方法の改善方策として、手引書の作成、実施状況調査の実施、研究開発学校制度の推進。第二に、指導者サイドの条件整備方策として、研修の充実、ＡＬＴ・地域人材・中高英語教員の活用。第三に、研究面の条件整備として、研究開発学校をはじめとした教育課程の研究・調査事業、および調査研究を行う会議を設置し、今後の小学校英語のあり方を考える環境を整えるとしている。

この提案を背景に、実際に調査研究事業が走り出し、従来の研究開発学校に加えて、いくつもの実施状況調査・意識調査が行われる。こうした調査で得られたデータをもとに、いよいよ学習指導要領改訂に向けて具体的に議論する場が文科省内に設置される。中教審教育課程部会外国語専門部会である。

## 2 「必修だが教科でない」

### 中教審での審議経過

二〇〇八年三月の学習指導要領改訂で、正式に「外国語活動」は必修化される(小五・六、週一時間)。審議経過の概略は以下のとおりである。

まず、二〇〇四年四月に発足した中教審教育課程部会外国語専門部会(以下、外国語専門部会)で中心的に議論が積み重ねられた。同部会は二〇〇六年三月、「小学校における英語教育について(外国語専門部会における審議の状況)」と題したまとめを発表し、小学校英語必修化を提言する。その後は同部会から何も報告がないため、これが事実上の最終報告である。

その後、議論の舞台は中教審教育課程部会に移る。当初は二〇〇六年度中に結論を出す予定

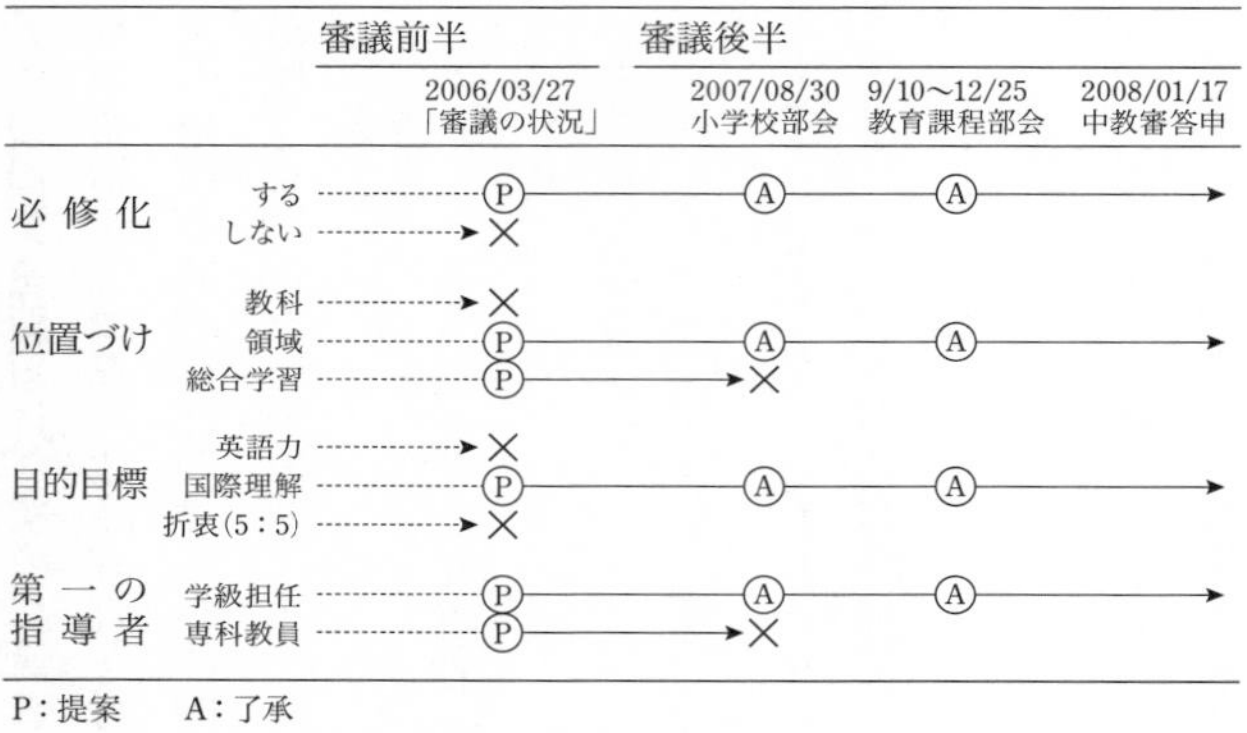


**図 4-1**　各論点の審議経過(2004〜2008)

だったらしいが、教育基本法改正(二〇〇六年一二月一五日成立)に関わる一連の動きを受けて、部会開催のペースは一時停滞する。翌二〇〇七年九月の第六二回教育課程部会で答申の「原案の原案」が示され、仮称ながら「外国語活動」の文字が初めて登場する。この「原案の原案」はほぼ修正なしで、翌二〇〇八年一月の中教審答申での外国語活動必修化の提言につながる。この答申をもとに同年三月、学習指導要領が改訂され、正式に必修化が決定する。

審議における各論点の経過を図示したものが図4-1である。論点によって早い段階で既定路線になったものもあれば、ぎりぎりになるまで決まらなかったものもあったことがわかる。

## 審議前半——必修化に異議なし

外国語専門部会「審議の状況」発表までを審議前半、それ以降を審議後半とする。前半で大方絞り込まれたのが、必修化と目標（国際理解中心）である。

一方、両論併記にとどまったのが、教育課程上の位置づけ（総合学習を継続するか、新たな領域として独立させるか）と、主たる指導者を誰にするかという点である。なお、教科化については（含みを残す書き方ではあったが）事実上、選択肢として除外された。

実は、外国語専門部会内での審議は決して順調とは言えなかった。現行の総合学習を踏襲した体験中心で国際理解教育寄りの英語活動を推す委員もいれば、教科化によって児童の英語力向上を目指す委員もいたからである――座長の中嶋嶺雄からして明らかな教科化推進派だった。また、学級担任が教えることにこそ意義があると考える委員もいれば、専科教員の大規模な導入を模索する委員もいた。

唯一、ゆるやかながら合意が取れていたのが必修化の是非である。委員はみな、程度の差こそあっても、すべての児童に共通の英語教育を施すことを肯定していた。

意見が一致していた背景には、当時行われていた英語活動の大きなばらつきがあった。たとえば、二〇〇四年度の段階で、九二・一％の公立小学校がすでに何らかの英語活動を行っていたが（文科省「小学校英語活動実施状況調査（平成一六年度）」）、取り組みの質・量は学校によって大

き く異なっていた。同調査結果によると、最も実施度の高い第六学年について言えば、年間一一時間以下(だいたい月一回未満)の学校が六〇%(三時間以下は一七%)と過半数を占める一方で、三六時間以上(およそ週一回以上)の学校も三%程度存在した。指導時間ですらこれだけ差があるのだから、指導内容・指導者・教材については推して知るべしである。このようなばらつきがある状況を問題視し、国として一定の枠をはめるべきであるというのが、外国語専門部会の総意だったと言える。

しかし、この総意はあくまで委員内での総意である。当時からすでに小学校英語反対論は大きなうねりになっており、必修化に懐疑的な関係者も多かった。こうした賛否両論ある中で、必修化への第一歩がスムースに踏み出せたのは、外国語専門部会の委員が賛成派で固められていたからである。実際、議事録を見る限り、必修化について異論を唱える委員はほとんどいなかった。明確に反対を主張したのは、第一二回会合(二〇〇六年二月二八日)にヒアリングで呼ばれた大津由紀雄慶應義塾大学教授のみである。大津は、前章で述べたとおり、反対派の代表的論客と目されていた人物であり、二〇〇五年七月・二〇〇六年二月には当時の文科大臣に「小学校での英語教科化に反対する要望書」を手渡している。

この事実から示唆されるのは、委員の人選の時点で必修化の道筋が見えていた点である。よく知られているように、官僚は審議会メンバーの人選を通して審議の不確定性を減じようとする傾向がある(森田朗『会議の政治学Ⅱ』)。委員も人間であり、必ずしも官僚の思惑どおりに発言しないのも事実だが、小学校英語必修化に関しては文科省事務局サイドのコントロールが首尾よく行われた典型的な事例と言える。

民主的な議論のためには(あるいは、それを装うためには)反対論への目配りが欠かせない。しかし、当時小学校英語論は論争的なテーマであり、安易に反対論者を委員に加えた場合、審議の紛糾が容易に予見できた。したがって、慎重論へ目配りするにしても、反対論者をヒアリングの席に一時的に呼ぶのが許容できるぎりぎりのラインだったと言えそうである。

## 審議後半――文科省のイニシアチブ

続いて審議後半である。図4-1を再度見てほしい 舞台は教育課程部会に移るが、議論に進展がないまま一年半が経過する。しかし、二〇〇七年八月三〇日、中教審小学校部会において突如、「領域」として担任主導による英語教育を高学年で週一時間必修化するという方針が示され、了承される。ここではまだ「外国語活動」という名称は登場していないが、それ以外はすでに最終答申に限りなく近く、「原案の原案」という位置づけである。この提案は、翌九月からの教育課程部会に回される。ここで「外国語活動」という呼称が決まり、内容についてはほぼ修正なしで了承される。そして翌年一月の答申、三月の学習指導要領改訂につながる。

一見地味だが重要な契機が、今触れた小学校部会での議論である。実は教育課程部会は、外国語専門部会をはるかに上回るレベルで多様な意見が出ていた。事実上選択肢として消滅していた教科化を推す委員もいれば、強硬な反対論を述べる委員さえ含まれていた。それだけ論争的なテーマだったわけである。

合意が不可能と思われた状況が、小学校部会での基本的な枠組み（必修化・領域化・国際理解重視）の提案・了承をきっかけに、一定の方向に進みだしたのである。

ここで重要なのは、小学校部会の審議プロセスである。実は、この基本方針は熟議の末に得られたものではない。議事録を見る限り、討議をした形跡はほとんどなく、事務局が領域化および授業時数の原案を示し、各委員が感想（主に賛意）を言うだけであった。この原案がどこから出てきたのかは不明だが、検討した議事録には見当たらなかったため、事務局主導で整理された方針だと思われる。

ここから推察できるのは、審議過程における文科省のイニシアチブである。つまり、まず文科省サイドが内々に外国語活動の原案を作成し、それを小学校部会が（熟議なしで）了承する。

そして他部会ですでに了承されたという事実の重みによって、教育課程部会内の異論が抑制されたのである。

以上、本節では、二〇〇八年三月の学習指導要領改訂に至る経過を詳細に見てきた。ここまで詳細に見る必要があったのかと不思議に思う読者もいるかもしれないが、審議過程に文科省のコントロールがよく効いていた事実を確認するうえで必要な作業である。そして、この事実の確認がなぜ重要なのかと言えば、このつぎの学習指導要領改訂(第Ⅴ期、改訂は二〇一七年三月)ではもはや文科省のイニシアチブは後退し、官邸が前面に出てくるからである。新旧学習指導要領の政策過程の差異については次章で検討する。

## 3　特殊日本的な「外国語活動」

### 外国語活動とは何か？

外国語活動とは具体的にどのようなプログラムだろうか。その概要を、前節の図4－1に基づいて再度整理すると、つぎのようになる。

一　小学校五・六年で必修（週一コマ＝年間三五コマ）。
二　教育課程上の位置づけは「領域」。教科ではない。
三　主たる教育目標は、言語・文化・コミュニケーションへの態度の育成。英語スキルの育成は明示的には目指さない。
四　第一の指導者は学級担任（状況によって専科教員）。指導補助者（ＡＬＴやボランティア等）とのティーム・ティーチングを推奨。

ちなみに、「領域」は教育課程上の独特な用語であり、国語や算数のような「教科」とは異なり、体系的な学習を目指さず、したがって、数値による成績評価にもなじまないものとされている。教科化以前の道徳（〜二〇一七年）も「領域」だった。

外国語活動は何を目標にしたプログラムなのか。学習指導要領曰く「外国語を通じて、言語や文化について体験的に理解を深め、積極的にコミュニケーションを図ろうとする態度の育成を図り、外国語の音声や基本的な表現に慣れ親しませながら、コミュニケーション能力の素地を養う」である。

目標記述についてはこの一文のみであるが、抽象的過ぎてほとんど意味がわからない。具体的に理解するためには、告示および告示に至るまでの審議過程、『小学校学習指導要領解説 外国語活動編』(以下『解説』)を見ていく必要がある。ポイントは、能力面・知識面の育成よりも態度面・体験面を重視するという点である。「教科」ではなく「領域」だからこそ、英語力育成のようなストレートな目標記述を採用していないのである。

指導者は、「学級担任の教師又は外国語活動を担当する教師が行う」と規定された。外国語活動を担当する教師とは要するに学級担任ではない教員のことで、多くの場合、英語の専科教員を意味する。文面でこそ、学級担任と専科教員は並列されているが、今までの経緯を見る限り、力点は明らかに学級担任にある。一方で、ネイティブスピーカーや地域の人材はあくまで補助者という位置づけになった。

### なぜ必修化を決めたのか?

そもそもなぜ必修化を決めたのだろうか。『解説』の第一章第三節「小学校外国語活動新設の趣旨」では、必修化の根拠としてつぎの三点を挙げている(五〜六頁)。要約すると以下のとおり。

（一）グローバル化への対応が急務である。外国語教育を充実すべきだ。
（二）英語学習のうち、あいさつ・自己紹介などの初歩的な内容は中学校よりも小学校段階がふさわしい。また、聞く・話す・読む・書くを中学校から一度に始めるより、聞く・話すは小学校から先行開始したほうがよい。
（三）現在、総合学習で多くの小学校が英語活動に取り組んでいるが、取り組みに相当のばらつきがある。教育の機会均等、および、中学校との円滑な接続の観点から、共通の教育内容を設定すべきだ。

（一）は英語教育の一般的な重要性を、（二）は早期化（小学校からの開始）の根拠を、そして、（三）は全国一律に導入する根拠をそれぞれ述べたものである。必修化――つまり、全児童への学習の義務づけ――にとって最も本質的なのが、三番目のばらつき解消という根拠である。早期英語教育を充実させる必要はあるが、その充実具合に差が生じてはいけないという理屈で、よく言えば機会均等、悪く言えば横並び型の、ある意味で日本的な政策決定である。
ここで「日本的」と述べたのは、他国には学校・自治体の自主的な選択で小学校英語導入を抜本的に進めた国があるからである。たとえば、中国やチリではそれぞれ二〇〇一年、一九九六年に小学校に英語を導入しているが、条件が整わない学校には導入の猶予を認めた（Janet Enever. *Policy and politics in global primary English*）。このおかげで、全国的な条件整備を待たずして柔軟な政策実施が可能になったが、それは同時に地域格差の引き金となった。

ところで、このひとつ前の学習指導要領（一九九八年告示、二〇〇二年施行）では、「ばらつき是正」論とまったく逆の理屈が述べられていたことを思い出したい。

前章でも言及したが、一九九六年のインタビューで、中教審第二小委員会座長の木村孟は、英語活動は遊び感覚でやるものであって、中学入学当初に英語力の面で多少の差が出たとしても、すぐにカバーできる程度のものに過ぎないと述べていた。ばらつきは生じたとしても問題にはならないという主張である。この約一〇年後、まさにそのばらつきが問題視され、必修化が決まったというのは皮肉である。

### なぜ英語力育成を目標にしなかったのか？

第二に、外国語活動の目標を見ていこう。目標とされたのは、外国語スキル（英語力）ではなく、情意面の育成である。『解説』によるとつぎのとおり。

外国語活動の目標は次の三つの柱から成り立っている。

① 外国語を通じて、言語や文化について体験的に理解を深める。
② 外国語を通じて、積極的にコミュニケーションを図ろうとする態度の育成を図る。
③ 外国語を通じて、外国語の音声や基本的な表現に慣れ親しませる。

「体験的に理解を深める」「態度の育成を図る」「慣れ親しませる」――こうした表現ばかりで、「身につける」「○○する能力を育てる」という表現がない。スキルや知識に関連した表現を避けていることがわかるが、これは「教科」ではないからこそである。

三つの目標を図式的に理解してみよう。図4-2は、「知識技能重視vs.情意面重視」という縦軸と、「英語科固有の内容vs.教科横断的な内容」という横軸をもとに、教育目標を分類したものである。

①・②・③いずれも情意面重視(図下側)に配置されている。さらに、「英語に慣れ親しむ」(③)というのは教科固有の内容である一方で、異文化理解(①)や会話への積極性育成(②)は教科横断的な内容である(そのため、「こんな内容であれば英語の時間に扱う必要はないのではないか」という批判に常に晒されていた)。

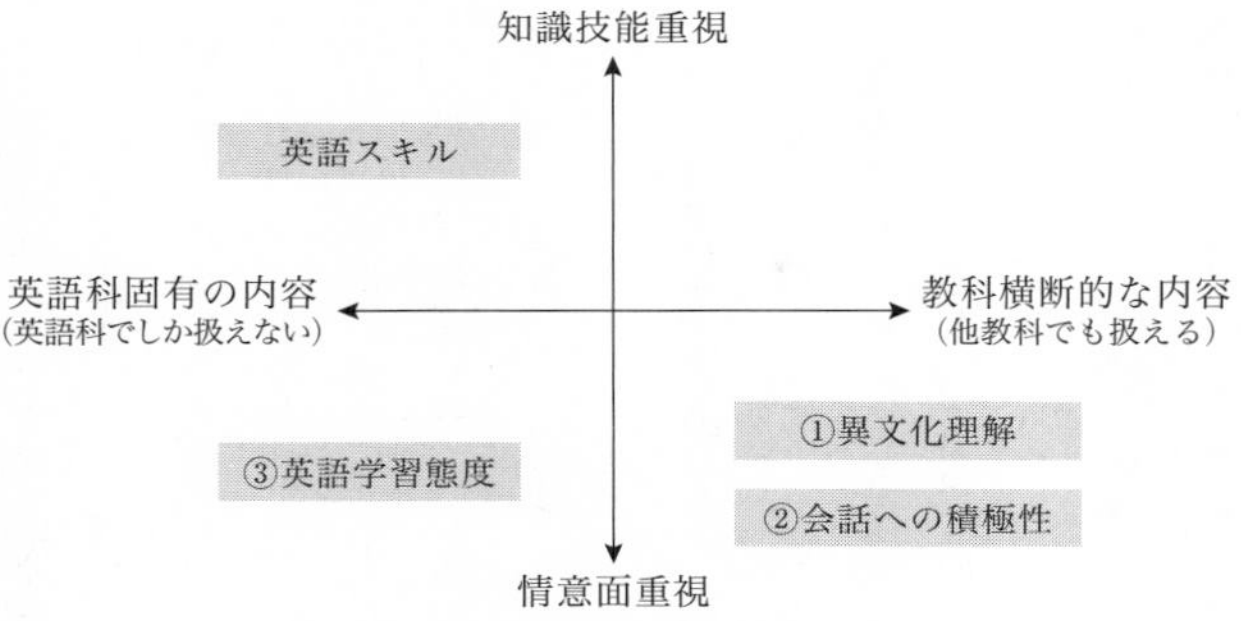


**図 4-2**　外国語活動の目標

他方、知識技能重視かつ英語科固有の内容である「英語スキル育成」は、明示的に目標とはされていない。

## 心理カウンセリングのような「コミュニケーションへの態度」育成論

なお、前述の引用からはわかりづらいが、②は、外国語でのコミュニケーションのみを念頭に置いているわけではない。『解説』の説明はつぎのとおりである。現代の子どもたちは「自分の感情や思いを表現したり、他者のそれを受け止めたりするための語彙や表現力及び理解力に乏しい」。そのため、「他者とのコミュニケーションが図れないケース」が見られる。その解決のために、外国語活動でコミュニケーションの大切さを理解させるべきである。

要するに、会話への積極性を育成すべしという提案であるが、まるで心理カウンセリングの技法（特にアサーション・トレーニング)のようである(ただし、カウンセリングと違い、実証的根拠に基づいているわけではなく、机上の論理である)。

この目的論はかなり特異である。一般の人々にも英語教育関係者にも、外国語活動に心理カウンセリング的な効能を期待する人はほとんどいないと思われる。しかも、答申にも、それどころか中教審の議事録にもこのような話は出てこない。しかし、小学校英語関係者の少なくとも一部には浸透していた主張であることも事実で、だからこそ、『解説』という公的性格の強い文書に明記されたのである。

### なぜ担任が教えるのか?

つぎの重要な点が、専科教員ではなく学級担任を主たる指導者と指定している点である。英語指導経験が豊富な専科教員ではなく、学級担任による指導を推進したのはなぜか。『解説』の説明を要約するとつぎのとおりである——コミュニケーション意欲の向上を目指す授業を創るには、児童のことをよく理解している必要がある。また、初めて出会う外国語への不安を取りのぞくには、教室マネジメントに長けている必要がある。これらを兼ね備えたのは学級担任である——。つまり、英語スキルの育成ではなく、情意面の育成が目標なのだから、児童の日頃の様子をよく知っている人間が指導するべきであるという理屈である。

この説明に対し、なるほどと思う人もいれば、煙に巻かれただけに感じる人もいるかもしれない。たしかに理屈——つまり机上の論理——としてはわからなくもないが、実証的なデータがあるわけではないので、どれだけ信じてよいかは疑問である。ただ、いずれにせよ文科省の公式見解である。そして小学校英語推進者、特に早い段階から国際理解教育としての英語活動のカリキュラムづくりに携わってきた人たちの間に浸透していた考え方でもある(たとえば、前章で見た慶應義塾大学でのシンポジウムでの松川禮子、冨田祐一、直山木綿子はこの立場だった)。

しかしながら、この指導者観が中教審で広く支持されていたわけではない。外国語専門部会でも教育課程部会でも、専科教員の指導や、さらには教員免許を有していないネイティブスピーカーの指導を推す声が上がっていた(免許をもたない人を「指導者」という位置づけで教壇に立たせるのは教育行政的には禁じ手中の禁じ手であるが)。特に教育課程部会には学級担任を支持する意見はほとんどなかった。つまり、部会内では旗色が悪かった「指導者＝学級担任」プランが、最終的には生き残ったことになる。ある意味で、「普通の英語教育」を求める声に、国際理解教育としての英語活動の蓄積を大切にすべきだとする声が競り勝った格好である。

## 特殊日本的な外国語活動

以上の検討から明らかなとおり、外国語活動には、一般の人々のイメージする英語教育と大きなギャップがある。教科ではなく、体験を重視した「領域」であり、成績はつけない。英語力の育成を少なくとも表向きには目指さない。英語指導の専門家ではなく学級担任が教える。このようなプログラムが全国の児童に義務化されるというのは、国際的に見るとかなり珍しい。第6章で見るとおり、世界の多くの国が小学校から英語を始めているが、そのほとんどすべてが教科としての導入だからである。

こうした特殊日本的な外国語活動の誕生は、前節で見たとおり、直接的には文科省によるコントロールの成果であった。教科化を強く求める委員もいれば、小学校英語自体に強硬に反対する委員もいて、さらには二〇〇六年九月に就任した伊吹文明文科大臣は、大臣就任後の記者会見で突然「必修化反対」を表明した。こうした「極端」な主張の人々を説得し、外国語活動の方向づけを行ったのが文科省事務局、つまり文科官僚だったからである。

## 妥協の産物

なぜ文科省がこのような水路づけを行ったのか。答申や『解説』によれば、すでに英語活動には多くの成果が出ており、この蓄積を適切に継承するためには、体験重視・成績評価なしの「領域」化がふさわしいという。しかし、このような理由は多分に建前めいたものであり、これだけで教科化支持の委員を納得させるのは難しかったと思われる。

おそらく本音の理由は、「領域」として始めるのが最も無難だったからというものだろう。もし教科になった場合、条件整備・カリキュラム整備に非常に大きな予算が必要となる。特に専科教員による指導ということになれば、現状の教職員定数でやりくりをすることは極めて困難である。したがって、現状の体制で対応可能なプランが選択されたのだと考えられる。

政策過程において文科省事務局が主導権を握るというのは、審議会や世論を軽視している面があることは事実である。しかし文科省が、内閣、政治家、財界、急進的な意見をもつ審議会委員などからの種々の過大な（ときとして無責任な）要求に対するバッファーとして機能している面があることも事実である。つまり、教育現場、教育行政、そして政府内政治の三者を（少なくとも政府の人間の中では）最もよく知る文科省だからこそ、急進的なプランが提案されても、教育の現実と擦り合わせながらソフトランディングさせることができたのである。こうした政府内力学の一つの帰結が、特殊日本的な小学校英語のあり方だったと考えられる。

## 4 英語力は向上するのか、国語力がダメになるのか

### 小学校英語をめぐる賛否

前章で、論争が大きな広がりを見せたことに触れた。英語教育界内外での盛り上がりの結果、二〇〇〇年代には賛否いずれについても論点はほぼ出尽くした感がある(一方、二〇一〇年代にはもはや新しい論点は見られない)。

各論点を一覧にしたものが表4-1である。できるだけ網羅的に賛成論・反対論を集めたうえで、それらをパタンごとに整理し、さらにそれぞれの主張に対する反論を対応させている。

一口に賛成論・反対論と言っても、極めて多様な立場から異なる主張がなされたことがわかる。この中には非常に有名な主張もあれば(例:「早期から始めれば英語ができる子どもが増える」「日本語力に害を及ぼす」)、おそらく関係者の間でしか流通していないような主張もある(例:「現代の子どもはコミュニケーションに問題を抱えているから英会話活動で会話への積極性を養う」)。

表 4-1　賛成論・反対論

賛成論 6 種類

| | | 小学校英語(小英)の効能を訴える主張 | 反　論 |
|---|---|---|---|
| 英語力 | 1 | グローバル化に対応するため日本人の英語力を向上させる必要がある(診断). だから, 小英で英語力を伸ばすべし(効能). | ←言語習得理論的に言えば, 早くから始めたからといって英語力が伸びるわけではない(量・質の問題).<br>←実証研究で早期開始の効果が確認されていない.<br>←中学からでも遅くない.<br>←グローバル化＝英語化ではない. |
| 情意面 | 2 | グローバル化に対応するため日本人の「異文化への閉鎖性」を打破する必要がある(診断). よって, 小英で異文化理解を育むべし(効能). | ←英語のみを扱うのはむしろ「国際不理解」である. |
| | 3 | グローバル化に対応するため日本人の異文化コミュニケーションへの消極性を打破する必要がある(診断). よって, 小英で会話への積極性を育むべし(効能). | |
| | 4 | 現代の子どもたちにコミュニケーション上の問題がある(診断). よって, 小英で会話への積極性を育むべし(効能). | |
| | 5 | (診断不在)英語への肯定的態度を育むべし(効能). | ←(条件整備が進んでいない状況では)肯定的態度が育まれず, むしろ英語嫌いが増える. |
| 機会均等 | 6 | 子どもの英語学習の機会に差がある(診断). よって, 小英で平等化させるべし(効能). | |

反対論 10 種類

| | | 小学校英語による副作用を懸念する主張 | 反　論 |
|---|---|---|---|
| 英語力・英語学習へ悪影響 | 1 | 英語指導経験が乏しい小学校教員が指導すると，子どもが間違った英語の発音を身につける． | ←初歩の学習では大きな問題にならない．<br>←小学校英語は英語力育成の場ではない．英語力は乏しくても学級マネジメント能力の高い小学校教員のほうが適任． |
| | 2 | 同上，英語嫌いが増える． | |
| 認知能力へ悪影響 | 3 | 母語が混乱する． | ←言語習得論・バイリンガリズム論的に言ってそのようなことはない．<br>←せいぜい週数時間の英語学習で影響はない． |
| | 4 | 国語の時間が減り，国語力が低下する． | |
| | 5 | 学力が全般的に低下する． | |
| 英語重視の弊害 | 6 | 英語だけを特別視し，言語は平等であると考えなくなる． | ←適切に指導すればそうはならない． |
| | 7 | 日本人としてのアイデンティティを喪失する． | ←適切に指導すればそうはならない． |
| 教員・子どもの負担 | 8 | 教員の負担が増える． | |
| | 9 | 英語学習は子どもにとって負担になる． | ←体験として学ぶので負担にはならない． |
| | 10 | 中学入試に英語が課されることになると，受験勉強の負担が増える． | |

## 放談型の論争

本書では便宜的に「論争」と表現しているが、小学校英語をめぐる議論は狭義の論争とはかなり性格を異にし、言うなれば放談型の論争である。というのも、事実を明らかにする手段としての科学論争とも異なれば、自陣営の正当性を主張することにより第三者(裁判官・陪審員・審判等)を説得する法廷闘争や競技ディベートでもなく、心情的に思い入れのある英語教育について（多少の根拠を述べながら）主張するだけだったからである。心情ベースの放談だからこそ、反対陣営から痛いところを突かれた場合、その点をディフェンスするインセンティブは小さい。黙殺するか曖昧にぼかせば事足りる（科学論争や競技ディベートだったらこうはいかない）。逆に、反対陣営に脇が甘い部分があれば多少的外れであっても「口撃」すれば溜飲が下がる。この結果、叩きやすくデフォルメされた仮想敵を論破するのに終始し、もっと時間をかけて丁寧に論じなければいけない論点の多くが放置されてしまった感がある。

実際、論点の多様性に比べて、反論・反反論の応酬が繰り広げられている争点は思いのほか少ない。とりわけ大きな注目を集めたのが、小学校英語は英語力育成に効果はあるのか否かと、国語力の低下につながるか否かの二点であり、それ以外はあまり注目を集めないかそもそも反論すらなされなかった。以下、この二大論点について確認しよう。

## 英語ができる日本人は増える？ 増えない？

小学校英語によって日本人の英語力が向上するか否か。一般の関心も高く、さまざまな媒体で賛否が闘わされている論点である。賛成派・反対派の対立を一言で要約すれば、英語の運用能力育成に大きな効果があると考える賛成派に対して、そのような効果は期待できないか、あったとしても現行の公立小学校の教育環境（授業時数やカリキュラム、教員の質・量など）では大した効果を見込めないと主張する反対派という構図である。

早期開始のメリットは、量の問題と質の問題に分解できる。早くから始めればそれだけ学習時間が長くなるから効果が上がるというのが量の観点であり、一方、早い時期のほうが何らかの生物学的・発達的理由から学習効果が高いというのが質の観点である。

一般論としては両者とも検討に値する論点だが、日本の小学校英語論議が前提にするのは、ほとんどが質の観点である。それは当然である。日本の小学校教育課程では、現実的に週一〜二時間程度しか授業時間を捻出できない（どんなに頑張っても三時間が限度だろう）。微々たる学習量増加で量の利点を主張しようにも、根本的に無理な話である。

早期開始の質的な利点として根拠に挙がるのは、大別して、（a）「早くに始めたおかげで英語が上達した知人の（あるいは自分の）子ども」というような逸話的なもの、（b）脳神経科学や発達心理学等の知見をもとにした推論、そして、（c）早期英語学習経験者と非経験者を比較した実証研究の成果である。

このうち、（a）は、根拠が不確かな「都市伝説」のようなものばかりで、真剣な検討に値しない(もっとも、この種の主張は、審議会でも頻繁に飛び出しており、早期英語への幻想を増幅する働きをしている点は否めない)。(b)は、たとえば「〇〇歳以降は脳の柔軟性が失われるから早く始めたほうがよい」とか「発達心理学的に見て〇〇歳までが言語習得に適した時期である」という主張である。こちらも詳細に検討する必要はあまりない。第1章で見たとおり、小学校英語論議において引用される脳神経科学や発達心理学はほとんどが不適切な引用だからである。

## 経験者・非経験者の比較の信頼性

そもそも、早期英語教育プログラムの成否は実社会の文脈で検討されるべきものであり、脳の血流量や発達段階などに抽象化するのは本末転倒である。先行事例や実験プログラムに効果があったかどうか実証研究に基づいて判断すべきである。

こうした問題意識に基づくのが(c)である。一九八〇年代から、早期英語教育プログラムの有効性を学術的に明らかにしようという気運が高まり、多くの実証研究——早期英語経験者と非経験者の比較研究——が行われた。このうちのいくつかにはたしかに早期英語の有効性を示したものもあり、推進論の拠り所となった。

しかし、有効性を証明したとする実証研究には問題も多い。特に重要なのがつぎの二点である。

第一に、対象者選択の問題である。調査対象の早期英語経験者は、多くの場合、私立小学校や研究開発学校に通っていた特殊な児童であり、公立小全体に一般化することは難しい。

第二に、そもそも実証研究の中には、効果に関して否定的な結果を示したものも多い。つまり、結果はばらばらで、効果について白黒ついているわけではないのである。心情的に推進論に共感しがちな人は、効果を実証した研究ばかりに目が行き、他方、心情的に慎重論に共感しがちな人は効果の実証に失敗した研究に注目してしまう。したがって、フェアな比較を行うために何らかの枠組みが必要になる。第7章では、この問題を、エビデンスベースト教育政策の枠組みを使いながら検討する。

## 実証研究が過剰な早期英語熱を冷ました

なお、ここで急いで付け加えるが、効果のあった研究だけを恣意的に引用する「不作法」は推進論者のごく一部に見られるだけで、多くは前述の問題に真摯に向き合ってきた。

それだけに、否定的な結果を示した研究の存在は衝撃だったはずである。一九八〇年代・九〇年代までは効果があると素朴に信じられてきたがゆえに大きな高揚を見せていた早期英語熱が、実証研究の蓄積によって適切に冷まされたと言える。

そうした背景から、特に近年は、小学校から始めさえすれば英語が身につくといった素朴な楽観論は鳴りを潜めている。とりわけ研究者には、一般論として早期英語の効果を肯定しつつも、それには授業時間数、指導方法、そして指導者が適切であればという但し書きを付す者がほとんどである。

もっとも、これら三つの条件の重要性に疑いはないが、これらが整っている環境であれば小学校であれ中学高校であれ、英語力は伸びるはずである。そう考えると正論には違いないが、実質的にはあまり意味のある主張ではないだろう。

### 国語力がダメになるのか?

一方、反対論の中で最も有名なものが、小学校で英語を始めたら子どもたちの国語力がダメになるという主張である。英語教育関係者だけでなく、新聞の社説や識者(作家や学者)の論考、一般の人々の投書・ネット書き込みなどで多くの人がもち出している論点である。中でも、文句なく最大の影響力だったのが、二〇〇六年九月の伊吹文明文部科学大臣による「美しい日本語が大事、必修化の必要なし」という発言である。同年にベストセラーになった藤原正彦『国家の品格』でも、国語重視論の観点から小学校英語が辛辣に批判されていたが、これも偶然ではない。二〇〇〇年代は、日本語力への懸念があふれかえっていた時期だったのである。

ただし、この手の主張は近年に限ったものではなく、小学校英語が議論され始めるはるか以前から、早期教育批判の文脈で数多くなされている。日本語が大人の水準に達していない子どもに別の言語を習わせるという光景は、ある種の人々の神経を逆撫でするものだったのだろう。

なお、日本語力低下論にはつぎの区別が必要である。

ひとつは「母語が混乱する」という主張で、早期に外国語に接触することによって母語が混乱したり、どちらの言語も中途半端になる(「セミリンガル」などと呼ばれる)という主張。もうひとつが「国語の授業時数が減って国語力が下がる」という主張である。後者は教育課程内での授業時数のやりくりに関する懸念である。それに対し、前者は言語習得に伴う認知発達面への悪影響を問題にしており、小学校英語だけでなくあらゆる早期第二言語学習・年少バイリンガリズム(二つ以上の言語を同時に習得すること)へも矛先が向かう主張である。

結論から言えば、母語が混乱するという主張は、研究者、特に言語学者・心理学者の間でほぼ否定し尽くされているし、セミリンガルなどとまことしやかに論じられる現象にも実は根拠がない。都市伝説の一種である。たしかに、母語の習得途中に別の言語に接触するのは、「母語の拠り所」のような何かが浸食される気がして不安になるのも理解できるが、そもそも言語発達に母語の拠り所が存在するという考え方が第二言語習得の実態に合わないのである(詳細は、バトラー後藤裕子『英語学習は早いほど良いのか』を参照)。

以上の意味で、母語が混乱するというのは有効な批判ではない。有効ではないからこそ反論しやすい論点であり、賛成派はこぞって「反撃」する。実例をひとつひとつ紹介することは避けるが、「母語が混乱するはずがない」「バイリンガルの言語能力が中途半端などというのは著しい偏見」などといった反論が多数なされてきた。

同時に、筋の悪い批判であるがゆえ、反対派からの評判も必ずしも良くない。反対派の代表的人物である言語学者・大津由紀雄も、自身の主張が「日本語がダメになる」のような素朴な主張に回収されがちであることに不満を吐露している。

小学校英語を行うよりも、まずは言語教育をきちんとすべきだという提言もさまざまなところで述べたり、書いたりしています。これも、時として、《英語などやると母語である日本語がだめになる》という主張にすりかえられてしまう。子どもたちの心の奥底に根ざした母語は外国語を週に一時間や二時間やった程度のことでぐらついてしまうほど柔なものではありません。(『日本の英語教育に必要なこと』)

大津の最後の指摘も重要である。もし反対派が言うように週に一〜二時間程度の英語学習では英語が身につかないならば、国語力にもおそらく影響は出ないはずである。つまり、英語は身につかないという主張と国語がダメになるという主張は両立し得ないのである——とはいえ、両者を同時に述べる人はままいるのだが。

### 論争を不毛にした「データの不足」

最後に指摘したいのが、賛成派と反対派の意見の対立は、価値観の違いというより、実証データの欠如、つまり情報不足に起因している場合が多い点である(むしろ、価値観の対立は、賛成派内部の対立——小学校英語は英語習得のためか、国際理解教育のためか——のほうが深刻に思える)。

もちろん、関係者の間に多様な価値観があるのは間違いないが、小学校英語の論点の多くが、データで雌雄を決することができるタイプのものであることも事実である。たとえば、「効果がないのだからやめるべし」と主張する反対派は、仮にその効果を完璧に実証したデータが得られたならば、反対する理由はなくなるし、逆もまた然りである。同様のことは、「英語嫌いが増える」や「国語力に悪影響がある」といった論点についても言える。

これが意味するのは、研究者が中心となり適切なデータを用意さえすれば、論争の多くは――少なくとも形式上は――決着がつくということである。

社会科学（教育プログラムの効果検証はここに含まれる）において、完全に中立的な手続きでとられた「完全無欠のデータ」など存在し得ないが、少なくとも多くの人が納得できる手続きに基づいてデータがとられるのが望ましい。この指針として、エビデンスベースト教育政策と呼ばれる考え方が大いに参考になる。詳細は第７章で論じる。

# 第5章　【第Ⅴ期】教科化・早期化に向けて

外国語活動が正式にスタートした二〇一一年には、このプログラムは中高の英語(教科)とは異なるという趣旨が文科省や各地の教育委員会の指導主事などによってしきりに強調されていた。当時、小学校現場で使われていた学習指導要領の指南書には、つぎのような強烈な言葉が躍っている。

〔学習指導要領に示された外国語活動のねらいを〕忘れて、あるいは無視して、スキルベースの授業を施す方々への警鐘と思っていただきたい。〔……〕『英会話』なる雑誌や、児童英語の専門誌及び専門家などに惑わされて、スキルベースの授業を行ってきた場合は、早急に外国語活動のあるべき姿に戻すべきである。〔……〕特に民間企業などは、この機を商売の好機と捉えて、学校や市町村に様々な営業を仕掛けてくる。しかし、そのほとんどが、自社のカリキュラムに則った「英会話」に過ぎない教材がほとんどである。中央教育審議会の趣旨などとは程遠い、まさに児童英語の教材であり、学習指導要領の告示などどこ吹く風、従来のカリキュラムや教材を売り込むことに必死になっている。(兼重昇・直山木綿子編著『小学校 新学習指導要領の展開 外国語活動編』明治図書出版、二〇〇八年)

教科扱いされることに対する行政関係者の警戒感(もっと言えば語学産業への敵意)がストレートに表現されていて興味深い。しかし皮肉なことに、それからわずか数年で教科化に向けた動きが加速し始める。

二〇一七年の学習指導要領改訂を経て、二〇二〇年から小学校五・六年を対象に教科としての英語がスタートすることになった。同時に、外国語活動は小学校三・四年に前倒しされることになる。本章では、この教科化・早期化に至る流れを検討しよう。

## 1 トップダウン型の教育改革へ

### 文科省主導から官邸主導への転換

二〇一〇年代の小学校英語政策が、二〇〇〇年代までと大きく異なるのが、それまでの文科省主導の政策形成から官邸主導に変わった点である。

極端な話、二〇〇〇年代までは文科省内部の動きを見るだけで大方の流れを理解できた。一方、二〇一〇年代は、政策過程が複雑化する。第一に主導権を握った官邸サイド、第二にその要求の具体化を担う文科省、第三に二〇一二年以降政権与党となった自由民主党の文教政策に注目する必要がある。その結果として、関係する政策会議も多様化した。第Ⅳ期までの小学校英語教育改革は文科省に設置された中教審の審議を見ていけば事足りたが、第Ⅴ期は内閣のもとに設置された会議(後述する教育再生実行会議と産業競争力会議)や自民党の文部科学部会にも目配りをする必要があるということである。

もっとも、二〇〇〇年代およびそれ以前にも、文科省外部のアクター(たとえば臨教審や財界)は小学校英語に関する政策提言を行っていた。しかし、それらは象徴的なアピールの面が大きく、文科省に具体的な英語教育プログラムを要求するものではなかった。その結果、文科省は、各所からの(場合によっては過大な)要求に対し「善処します」という姿勢を示しつつも、政策形成の最終的なイニシアチブは常に握っていた。

一方、第Ⅴ期は、官邸が文科省を飛び越えて英語教育改革を具体的に提言するようになった。その結果、文科省のイニシアチブは大いに低下した。

自民党に取って代わった民主党政権は、英語教育改革にそれほど熱心とは言えなかった。小学校英語に関する「成果」としては、外国語活動の補助教材である『英語ノート』を二〇〇九年の事業仕分けで廃止したことくらいである（ただし、補助教材を求める声は根強く、二〇一二年から新たに『Hi, Friends!』という教材が発行・配付される）。

この時期、文科省も小学校英語改革について目立った論議をしていない。たとえば、二〇一〇年一一月に「外国語能力の向上に関する検討会」が発足し、「「英語が使える日本人」の育成のための行動計画」（二〇〇三年三月）の改訂について議論したが、議事録を見る限り、小学校英語への言及は少ない。また、同会議の報告に基づいた「「国際共通語としての英語力向上のための五つの提言と具体的施策」について」（二〇一一年七月一三日）にも、特筆する提言はない。

## 中教審の沈黙と急展開

日付は多少前後するが、二〇一一年六月六日、第二期教育振興基本計画の策定が諮問された。ここから約二年をかけて中教審が議論した結果、二〇一三年四月二五日に「第二期教育振興基本計画について」が答申される。ただし、審議過程でも答申でも、小学校英語について注目すべき主張はなかった（そもそも学校英語教育全般に大胆な提言はない。現施策の着実な遂行を提案している程度である)。

この答申が、新たな教育振興基本計画として策定されたということならば、話はシンプルであった。しかし、実際には大きなどんでん返しがあった。

## 2　第二次安倍政権以後の改革――変質する政策審議

### 閣議決定の謎

二〇一三年六月一四日、第二次安倍内閣における閣議決定で第二期教育振興基本計画が策定された。ここには、中教審答申には一切言及のなかった小学校英語の教科化・早期化が盛り込まれた。

表5-2は、教育振興基本計画における外国語教育関係の事項に関して、中教審答申と閣議決定を比較したものである。

構成・表現ともにほぼ同一の箇所が多く、閣議決定は全体にわたって中教審答申の文言を踏襲していたことがわかる。しかしながら、「主な取組」の項目には、中教審答申にはなかった「小学校における英語教育実施学年の早期化、指導時間増、教科化、指導体制の在り方等」と

**表 5-2　第二期教育振興基本計画に関する中教審答申と閣議決定の相違**

| | | |
|---|---|---|
| 2013 年 4 月 25 日<br>中教審答申「第二期教育振興基本計画について」 | → | 2013 年 6 月 14 日<br>閣議決定「第二期教育振興基本計画」 |
| 基本施策 16　外国語教育，双方向の留学生交流・国際交流，大学等の国際化など，グローバル人材育成に向けた取組の強化 | → | 基本施策 16　外国語教育，双方向の留学生交流・国際交流，大学等の国際化など，グローバル人材育成に向けた取組の強化 |
| 【基本的考え方】 | → | 【基本的考え方】 |
| ○ グローバル化が加速する中で，日本人としてのアイデンティティや日本の文化に対する深い理解を前提として，豊かな語学力・コミュニケーション能力，主体性・積極性，異文化理解の精神等を身に付けて様々な分野で活躍できるグローバル人材の育成が重要である． | → | ○ グローバル化が加速する中で，日本人としてのアイデンティティや日本の文化に対する深い理解を前提として，豊かな語学力・コミュニケーション能力，主体性・積極性，異文化理解の精神等を身に付けて様々な分野で活躍できるグローバル人材の育成が重要である． |
| ○ このため，「社会を生き抜く力」の確実な養成を前提とし，英語をはじめとする外国語教育の強化，高校生・大学生等の留学生交流・国際交流の推進，大学等の国際化のための取組(秋季入学に向けた環境整備，海外大学との国際的な教育連携等)への支援，国際的な高等教育の質保証(単位の相互認定，適切な成績評価等)の体制や基盤の強化等を実施する． | → | ○ このため，「社会を生き抜く力」の確実な養成を前提とし，英語をはじめとする外国語教育の強化，高校生・大学生等の留学生交流・国際交流の推進，大学等の国際化のための取組(秋季入学に向けた環境整備，海外大学との国際的な教育連携等)への支援，国際的な高等教育の質保証(単位の相互認定，適切な成績評価等)の体制や基盤の強化等を実施するとともに，意欲と能力ある全ての日本の若者に，留学機会を実現させる． |
| 【現状と課題】<br>〔省略〕(数十行) | → | |
| 【主な取組】 | → | 【主な取組】 |
| 16-1　英語をはじめとする外国語教育の強化 | → | 16-1　英語をはじめとする外国語教育の強化 |
| ・新学習指導要領の着実な実施を促進するため，外国語教育の教材整備，英語教育に関する優れた取組を行う拠点校の形成， | | ・新学習指導要領の着実な実施を促進するため，外国語教育の教材整備，英語教育に関する優れた取組を行う拠点校の形成， |

| | | |
|---|---|---|
| 外部検定試験を活用した生徒の英語力の把握検証などによる，戦略的な英語教育改善の取組の支援を行う．また，英語教育ポータルサイトや映像教材による情報提供を行い，生徒の英語学習へのモチベーション向上や英語を使う機会の拡充を目指す．大学入試においても，高等学校段階で育成される英語力を適切に評価するため，外部試験の一層の活用を目指す． | → | 外部検定試験を活用した生徒の英語力の把握検証などによる，戦略的な英語教育改善の取組の支援を行う．また，英語教育ポータルサイトや映像教材による情報提供を行い，生徒の英語学習へのモチベーション向上や英語を使う機会の拡充を目指す．大学入試においても，高等学校段階で育成される英語力を適切に評価するため，TOEFL等外部検定試験の一層の活用を目指す． |
| (なし) | → | ・また，小学校における英語教育実施学年の早期化，指導時間増，教科化，指導体制の在り方等や，中学校における英語による英語授業の実施について，検討を開始し，逐次必要な見直しを行う． |
| ・教員の指導力・英語力の向上を図るため，採用や自己研鑽等での外部検定試験の活用を促すとともに，海外派遣を含めた教員研修等を実施する．また，国際バカロレアの普及のためのフォーラムや教員養成のためのワークショップを開催するとともに，ディプロマプログラム(DP)の一部科目を日本語で行う日本語デュアルランゲージディプロマプログラム(日本語DP)の開発を行う． | → | ・教員の指導力・英語力の向上を図るため，採用や自己研鑽等での外部検定試験の活用を促すとともに，海外派遣を含めた教員研修等を実施する．また，国際バカロレアの普及のためのフォーラムや教員養成のためのワークショップを開催するとともに，ディプロマプログラム(DP)の一部科目を日本語で行う日本語デュアルランゲージディプロマプログラム(日本語DP)の開発を行う． |

〔以下略〕

下線部が相違点．

いう提言が盛り込まれた。つまり、早期化・教科化プランは、答申発表後のわずか二カ月にも満たない間に新たに書き加えられたものだったのである。

閣議決定である以上、この早期化・教科化の決定は、これまでの財界や政策会議の提言と比較にならないほど重い。閣議決定の強い拘束力のもと、文科省は第二期教育振興基本計画の具体化に着手する。その英語教育版と言えるものが、二〇一三年一二月一三日に出された「グローバル化に対応した英語教育改革実施計画」である。

同計画の改革案はつぎのとおり。まず、小学校中学年から外国語活動の形態の英語教育(計画書では「活動型」と表現されている)を週一～二コマ程度実施する。学級担任が中心に指導にあたるもので、「コミュニケーション能力の素地を養う」ことを目標とする。一方、高学年では、「教科型」の英語教育を週三コマ程度実施する(毎日の帯学習(短時間学習)の時間帯を利用して授業時間を捻出することも可能)。「初歩的な英語の運用能力を養う」のが目標で、主たる指導者は「英語指導力を備えた学級担任に加えて専科教員」とされた。

ついに文科省でも、早期化・教科化が、具体的に走り出したと言える。そして、ここで示された雛形――つまり、中学年で外国語活動、高学年で教科――はそのまま次期学習指導要領改訂に反映されることになる。

## 教育再生実行会議・産業競争力会議・自民党

以上からわかるとおり、中教審答申(二〇一三年四月)から、第二期教育振興基本計画の閣議決定(同年六月)へ、わずか二カ月の間に、教科化が一気に加速したことがわかる。

では、閣議決定の教科化・早期化というプランは一体どこから来たのだろうか。当の閣議の議事録が公開されていないので実際のところはわからないが、素直に考えれば、教育再生実行会議(第二次安倍政権において内閣に設置された教育問題について議論する私的諮問機関。教育再生会議の事実上の後進)での審議を受けてのことだと考えられる。実際、二〇一三年五月二八日に出された教育再生実行会議の第三次提言「これからの大学教育等の在り方について」では、「小学校の英語学習の抜本的拡充(実施学年の早期化、指導時間増、教科化、専任教員配置等)」という、前述の閣議決定とよく似た文言が登場している。

一方、この文言がどこから来たのかは明らかにされていない。そもそも、教育再生実行会議の議事録を見る限り、審議の中で早期化・教科化が詳細に議論された形跡はないからである。議題が非常に多岐にわたる(そもそも第三次提言のテーマは大学教育だった)にもかかわらず、審議期間がごく短かったこともあるが、小学校での英語教育に言及した委員はごくわずかであり、教科化・早期化を具体的に提案した委員は皆無だった。

他方、教育再生実行会議とは別組織である、内閣の日本経済再生本部・産業競争力会議においても、教科化・早期化の提言がある。同会議第一二回(六月一二日)の「成長戦略」では、現行の小五・六の外国語活動を二〇一三年度内に検証し、教科化・早期化・授業時間増に向けて見直しを行うとされた。この提言は二日後に閣議決定「日本再興戦略」(六月一四日)に盛り込まれる。

ただし、この提言も突如飛び出してきた印象をぬぐえない。産業競争力会議の議事録を下位部会を含めて検討しても、詳しく審議された形跡がないからである。

政権与党自民党の文教政策論議にも、早期化・教科化に関する明示的な議論は見当たらない。自民党教育再生実行本部の二〇一三年四月八日の提言が、後の教育改革に大きな影響を与えたことはよく知られており、実際、大学英語入試への外部試験(ＴＯＥＦＬ等)の導入は自民党の提案を反映したものと考えられる(『英語教育、迫り来る破綻』所収の江利川春雄の論文を参照)。他方、同提言には小学校英語の早期化・教科化は盛り込まれていない。

一方で、自民党日本経済再生本部の中間提言(五月一〇日)には早期化の言及がある。冒頭の概要説明で「若者の国際性を高め、英語コミュニケーション能力を向上させるため、小学校での英語教育開始学齢の引き下げ」を推進するとある。ただし、このプランは概要部分に言及があるのみで、本文には記載がない。

### 財界人の存在感

教育再生実行会議、産業競争力会議、および自民党の会議を概観してきたが、結論として言えるのは、二〇一三年六月に閣議決定された早期化・教科化プランが、少なくともオープンな会議で時間をかけて議論されたわけではないということである。

もう一点指摘できることは、財界人が具体的な政策形成に影響力を発揮し始めた点である。これ以前にも、財界からの英語教育への要求は幾度となくあったが、それはあくまで一般的かつ象徴的なものにとどまっており、文科省に具体的な英語教育プログラムの施行を要求することはなかった。事実、外国語活動は、財界の要求(＝教科化)とは異なる形態で――ある種「捻じ曲げ」た形で――文科省が具体化したことは前章で見たとおりである。

一方、二〇一三年の英語教育政策論議では、教育再生実行会議や産業競争力会議に委員として参加した財界人の存在感が増した。たとえば、当時の教育再生実行会議の委員一五名のうち、企業経営者は三名であり、しかもそのうちの二名は教育産業ですらない。この割合は、これまでの中教審の英語教育関係の会議と比べると異様なほど高い。たとえば、前章で扱った外国語専門部会(二〇〇四〜〇七年)には企業経営者は一人もいない。議事録を見ても、財界人の英語教育論には、教育・学校の論理よりはビジネスの論理が目につく。グローバル化の中で日本が生き残るためにいかに英語教育が重要か、その点で「旧態依然」の英語教育がいかに経済成長の足かせになっているかをしきりに訴えているからである。

**「英語教育の在り方に関する有識者会議」**

官邸主導で早期化・教科化という方向性は決まった。しかし、プログラムの具体化は——そしてその先の学習指導要領改訂は——文科官僚の仕事である。さらに、官僚は行政の専門家ではあるが英語教育のプロではないため、有識者から助言を受ける必要がある(少なくとも助言を受けたということにしないと民主的正統性が得られない)。その助言の場が、「英語教育の在り方に関する有識者会議」(座長：吉田研作上智大学教授)である。二〇一四年二月に発足し、同年九月までに計九回行われた。

座長を含む委員一一名のうち、現役の大学教員が四名、公立学校の校長が三名、教育長・予備校講師が各一名。そして残りの二名が非教育産業の企業経営者である。中教審の総会ならまだしも、英語教育の具体的な制度設計を考える部会に、二名も企業経営者、それも教育企業ですらない企業の経営者が参加することは、極めて異例である。

審議された論点は、大別すると、小学校英語の早期化・教科化、中高の英語教育(特に運用能力の評価方法)、大学入試改革(大学入試をTOEFL等の四技能型外部試験で置き換える)、およびこれらを実現するための各種条件整備(教材、ICT支援、教員養成、研修等)である。中でも小学校英語は改革の目玉ということもあり、比較的多くの審議時間が割かれている。

しかし、同会議は、その名前に反して、英語教育のあり方を抜本的に考える場ではなかった。というのも、二〇一三年一二月の文科省「グローバル化に対応した英語教育改革実施計画」(以下、「改革実施計画」)を前提に、その具体化プランを検討する場という位置づけだったからである。つまり、ゴールが最初から決められていたのである。議事録を読むと、委員の中にはゴールの再設定も含めた本質的な議論を望む者もいたようだが、文科省事務局が明確に「教科化・早期化は大前提」という方向づけをしている。委員の中には、教科化反対を審議中に明言した委員(大津由紀雄明海大学教授)も含まれていたが、かれが最終的に「拒否権」を行使できなかったのも、この「教科化・早期化は大前提」という方針に原因の一端があるだろう。

こうした事情により、少なくとも小学校英語については「改革実施計画」をなぞる形で審議が行われ、特筆すべき議論があったわけではない（一方、余談だが、大学入試改革に関してはなかなかスリリングな論争があった(特に第七回審議)。議事録は文科省のウェブサイトにあるので、興味がある読者は読んでみてほしい)。

最終的に、同会議は、二〇一四年九月二六日に「今後の英語教育の改善・充実方策について報告――グローバル化に対応した英語教育改革の五つの提言」を発表する。この「五つの提言」における小学校英語改革の要点はつぎのとおりである。第一に、中学年で外国語活動、高学年で教科という方針は「改革実施計画」そのままである。第二に、主たる指導者については、外国語活動は学級担任、教科は「学級担任が英語の指導力に関する専門性を高めて指導する、併せて専科指導を行う教員を活用する」とする。これも「改革実施計画」と同一である。第三に、授業時数については、教育課程全体の考慮が必要として明言を避けた(「改革実施計画」では外国語活動は一～二コマ、教科は三コマとされていた)。第四に、教員養成・研修の必要性や条件整備の必要性についても、「改革実施計画」から大きな変更はない。

### 中教審での具体化

この「五つの提言」はすぐに中教審に送られ、新学習指導要領の改革案の目玉として審議される。審議は、文科大臣諮問のあった二〇一四年一一月から答申を発表した二〇一六年一二月までのおよそ二年間である。

「中学年で外国語活動、高学年で教科」という骨組みがすでに確定しており、中教審での議論はその細部をつめる程度の内容のため、審議のダイナミズムなど見るべき点はあまり多くない。ただし、授業時数の審議状況については指摘しておくべきだろう。

「改革実施計画」では、中学年の外国語活動は週に一〜二コマ、高学年の教科は三コマとされていたが、中教審教育課程部会(および下位部会にあたる企画特別部会)ではそれぞれ一コマ・二コマに減らされることとなった。当時の小学校は高学年で週一コマの外国語活動を行っていたため、「週三コマ」案は二コマ分の授業時数増であり、他教科など学校現場から理解を得ることは難しかっただろう。ただ、最終決定案(週二コマ)の場合も、一コマ増が必要であり、授業時数のやりくりには依然大きな困難が予想され、実際、その問題に審議が集中した。

中教審での約二年にわたる審議の結果、二〇一六年一二月二一日に中教審答申「幼稚園、小学校、中学校、高等学校及び特別支援学校の学習指導要領等の改善及び必要な方策等について」が発表される。それを受けて、翌二〇一七年三月、新学習指導要領が告示される。教科化・早期化が正式に決まった瞬間である。

## 教科書はどう変わる

ここまでずっと政策過程の話であったので、最後に、教科化後は具体的にどのような内容が教えられるのかを確認したい。ただ、本書執筆時点（二〇一九年一〇月）はプログラムが実際に走り出す前なので、文科省が移行措置期間用に発行している教材である『We Can!』を見てみたい（二〇二〇年度からは正式に教科書会社発行の検定教科書が用いられる）。

『We Can!』の各頁を見ても、決して真新しい印象は受けない。むしろ中学校の英語教科書との連続性を強く感じる。

おそらく世代（中学校に通った時代）によって中学校英語教科書に関する記憶は大きく異なると思われるが、近年の中学校英語教科書との比較ならば、『We Can!』には一見してすぐわかるような明確な違いはないだろう。少なくとも、『We Can! 2』（小六用）と中一用の教科書には、相違点より共通点のほうが目につく。たとえば、身近な内容（自己紹介、住んでいる街、学校生活や行事について）をベースに構成している点や、国際色豊かな点（英語圏だけでなく非英語圏出身の友人、日本と他国の文化比較）、相当の新出語彙がある点、表現活動がふんだんに用意されている点などである。なお、中学校の英語教科書に表現活動があった記憶などないと言う人がいるかもしれないが、近年の教科書は明らかに自己表現重視で編まれている。

数少ない際立った違いは、小学校英語教材では文法項目を明示的に導入していない点、そして、読み・書き活動に充てられている頁が比較的少ない点である。ただし、同教材の教師用指導書には、文法項目や読み・書きを指導することの意義も明記されている。

二〇二〇年から始まる教科の英語は、教育目標の面でも教材の面でも、もはや中学高校の英語の前段階に位置づくものとなる。

図 5-1 『We Can! 1』と『We Can! 2』
（それぞれ小 5・小 6 用）

唯一の大きな違いが指導者かもしれない。学習指導要領では「学級担任の教師又は外国語を担当する教師が指導計画を作成」とされ、文面上は専科教員による指導の可能性もにじませているが、予算不足・人材不足によりこれまでの学級担任主体の指導が継続する可能性が高い（詳しくは9章）。小学校と中学高校の英語は、理念的・内容的には共通している一方で、指導者像は異なるという少々奇妙な事態になることを意味している。

## 3　教科化既定路線の中の賛否

ここまで、二〇一〇年代の政策過程を見てきたが、ここからは政治の外の動きを見てみよう。学術的な動きとしては、結論から言えば、二〇〇〇年代のような激しい論争はもはや行われなくなった。と言っても、賛成一色になったわけではなく主たる原因は、推進派と慎重派の間で対話が停滞したためである。

日本児童英語教育学会は、二〇一二年に「小学校外国語活動の教科化への緊急提言」を発表した。詳細は省略するが(原文は学会ウェブサイトで閲覧可能)、明確な早期化・教科化推進の具体的提言であり、しかも、二〇一七年の学習指導要領改訂と類似した部分があり、後の改革を数年前に先取りした内容だったと言える。

二〇一四年夏には、小学校英語教育学会・全国英語教育学会が合同で「文部科学省で検討中の「小学校英語教育の改革」に対する提言」を出している。同提言は、前年に政府から示された早期化・教科化方針を受けたもので、英語教育改革についてひとまず歓迎の意思は表明しつつ、改革の基礎となるべき条件整備を国に訴えている。先の日本児童英語教育学会のアピールと異なり、具体的な提案をしているわけではなく、むしろ、当時すでに既定路線になりつつあった(と少なくとも学会関係者には認識されていた)早期化・教科化に対し、一定の理解を示しつつも、慎重な配慮を求めている。

以上をまとめると、いずれの学会も、政府の小学校英語推進の方向性に少なくとも一定の評価を示し、そのうえで条件整備等にいっそうの尽力を求めている。

**深まらない議論**

一方、学会として一丸となることはなかったが、教科化・早期化に対する根強い反対論も存在した。教科化の既定路線化に対する警戒感から、多くの論者が反対論陣を張る。その代表的人物の一人が、「英語教育の在り方に関する有識者会議」の委員でもあった大津由紀雄である。大津は『英語教育、迫り来る破綻』の中で、教科化および専科教員による指導に対して「絶対反対」と明言する。

小学校英語反対論の一般書の刊行ラッシュもこの時期だった。学者の手によるものとしては、たとえば施《せ》光恒《てるひさ》『英語化は愚民化——日本の国力が地に落ちる』(集英社新書、二〇一五年)、永井忠孝『英語の害毒』(新潮新書、二〇一五年)、平田雅博『英語の帝国――ある島国の言語の一五〇〇年史』(講談社選書メチエ、二〇一六年)などがある。

注目すべきはこの著者のいずれもが狭い意味での英語教育研究者ではない点である(施は政治学、永井は北米先住民諸言語、平田は歴史学がそれぞれ専門)。英語教育界の外側でも声が上がったということになる。

一連の批判に対し、推進派が応答(あるいは再反論)してもよさそうなものだったが、実際にはそのようなことはなかった。その理由はおそらく、応答するインセンティブが推進側から失われたからである。たしかに、小学校英語が制度的裏づけを獲得する以前の一九九〇年代・二〇〇〇年代にはその意義を周知する必要があったが、二〇一〇年代にはその必要性は大幅に低下した。外国語活動が始まり、教科化・早期化の方向性も既定路線化しつつあったからである。したがって、賛成派が反対派に積極的に応答する必然性はなくなっていたのである。

この皮肉な帰結が、教科化・早期化によるメリットを説く研究者の激減である。推進派の研究者の多くは、文科省の説明を右から左に流すか、さもなくばメリットについては沈黙し、指導法や教材、カリキュラムづくりなどの方法論を粛々と研究するかのどちらかになった。小学校英語の賛否は措くにしても、議論が深められなかったのは学界として不幸だったと言えよう。

## 4 世論の期待と不安

学校の外の状況も見ておきたい。最初に小学校英語をめぐる世論の状況を、つぎに、学校外での英語学習(いわゆる「習い事」)の状況を見ていく。ここでは二〇一〇年代だけでなく、二〇〇〇年代およびそれ以前にまでさかのぼって検討する。

### 圧倒的な世論の支持

小学校英語の賛否のトレンドを確認する前に、調査データの取り扱いについて述べたい。小学校英語の意識調査と称するものは山ほど行われているが、実はそのほとんどが信頼性に乏しい。インターネット調査やモニター調査は、回答者が特定の集団に偏っており、日本人の世論の縮図になっていないためである。こうしたデータで世論を議論するのはほぼ例外なく無意味である(どれだけ「真の値」から偏っているかわからないので参考情報としてすら扱えず、文字どおり無意味である)。本書では信頼性の高いデータのみに依拠して議論を進めたい。

新聞社や研究機関が世論調査を行う際は、信頼性の担保のために、ランダムサンプリングを

**表 5-3　世論調査の結果(代表性の高いもののみ)**

| 調査名 | 年　月 | 概　要 |
|---|---|---|
| 読売新聞世論調査 | 1988 年 2 月 | 学校の外国語教育の改善策として 16% が「外国語の教育を始める年齢を繰り上げる」を選択(7 つの選択肢から最大 2 つ選択) |
| 読売新聞世論調査 | 1998 年 3 月 | 27% が,「とくに積極的に進めるべきだ」と考える教育改革案として「小学校からの英語教育開始」を選ぶ(複数選択可) |
| 読売新聞世論調査 | 2000 年 4 月 | 86% が, 小学校で英語を教えるのを「望ましい」あるいは「どちらかといえば望ましい」と回答 |
| NHK 放送文化研究所「英語第 2 公用語」等に関する調査 | 2000 年 5 月 | 81% が, 小学校での英語教育に「まったく賛成」あるいは「どちらかというと賛成」 |
| 読売新聞世論調査 | 2004 年 1 月 | 87% が, 英語を正式な科目にすることに「賛成」あるいは「どちらかといえば賛成」 |
| 日本世論調査協会世論調査 | 2004 年 9 月 | 82% が小学校での英語の必修化に「賛成」「どちらかといえば賛成」 |
| 読売新聞世論調査 | 2005 年 1 月 | 「(A)国語や算数の力をきちんと身につける方が先だと思うか, (B)早い時期から英語を学ばせる方がよいと思うか」という問いに対し, 48% が B を選ぶ. A の選択者は 40%,「どちらとも言えない」は 12% |
| 産経新聞世論調査 | 2006 年 3 月 | 首都圏の成人男女のうち 80% が小学校での英語授業に賛成 |
| 読売新聞世論調査 | 2006 年 5 月 | 67% が, 英語を小学 5 年生から必修にすることに, 賛成あるいはどちらかといえば賛成 |
| 朝日新聞世論調査 | 2008 年 3 月 | 小学 5 年生から英語を教え始めるのは「早すぎる:19%」「適切だ:39%」「遅すぎる:37%」 |
| 日本版総合的社会調査 | 2010 年 2〜4 月 | 学校での英語教育はいつから始めるのがよいと思うかという問いに対し, 小学校入学前が 29%, 小 1・2 が 27%, 小 3・4 が 17%, 小 5・6 が 15%, 中学校が 11% |
| 日本世論調査協会世論調査 | 2010 年 12 月 | 87% が, 小学校高学年での外国語の必修化について,「賛成」「どちらかといえば賛成」 |

とくに明記がない限り, 母集団は日本全国の成人男女である.

出所:新聞データベース等をもとに筆者作成.

行っている。そうした調査のうち、小学校英語に関する設問が含まれていたものを表5―3にまとめた。表では小学校英語に賛成と答えた人の割合を記載している。

設問が異なるので数値を単純に比較することはできないものの、九〇年代頃までは必ずしも賛成多数というわけではなかったが、二〇〇〇年代になると多数の人(多くの調査で八割以上)が肯定的になったことがわかる。学界では賛否両論の小学校英語だが(データがないため印象論にならざるを得ないが、反対派の研究者は賛成派と同程度かそれ以上いたように思う)、一般の人々の間では明らかに賛成派が優勢だったことになる。

### 保護者の支持

保護者に尋ねた調査では、さらに賛成一色になる。ベネッセ教育総合研究所・朝日新聞社の共同調査「学校教育に対する保護者の意識調査」(二〇〇四年・〇八年・一二年・一八年)が、小学校英語に対する賛否を尋ねているので見てみよう。

集計したものが表5―4である。いずれの調査・設問でも八割前後かそれ以上の保護者が肯定的である。また、近年になるにつれ賛成の割合が徐々に増加していることも見てとれる。

小学校英語が歓迎されていることは、他の教育改革施策と比較するといっそう際立つ。たと

**表 5-4　小学校英語に賛成した保護者の割合**

| | 2004 | 2008 | 2012 | 2018(年) |
|---|---|---|---|---|
| 小学校英語，今後の導入 | 80% | 87% | — | — |
| 現行の小学校英語 | — | — | 86% | 89% |
| 低学年への導入 | — | — | 76% | — |
| 2020 年より，小 3 から外国語活動 | — | — | — | 79% |
| 2020 年より，小 5 から教科の英語 | — | — | — | 78% |

「賛成」「どちらかといえば賛成」の合計(設問の言葉遣いが異なる調査は別々に集計している).

出所:「学校教育に対する保護者の意識調査」報告書，各年版.

えば二〇一八年調査では、現在行われている他の教育施策についても賛否を尋ねており、計七個の選択肢のうち「現行の小学校英語」に賛成する人の割合は断トツの一位(八九%)である。また、今後の教育改革案への賛否についても、全一七個の選択肢のうち、「小三から外国語活動」「小五から教科の英語」への賛成割合(七九%・七八%)はそれぞれ第三位・第四位である(第一位はプログラミング教育導入の八三%)(「はじめに」図0-1)。

世論や保護者は、基本的に小学校英語改革の「応援団」に回っていると言ってよい。

## 小学校への期待を高めるものは何か?

世論や保護者の圧倒的支持は、良く言えば大きな期待の表れだが、悪く言えば過剰な楽観である。単に早く始めただけでは英語教育改革の切り札にはならないことや条件整備の面で多くの課題があることは関係者・研究者の間では周知の事項だからである。

しかもこうした問題点は、反対派だけでなく当の賛成派からも指摘されている。

たしかに、一般の人々がある種の「誤解」に基づいて小学校英語に期待している可能性は否定できないが、そうした待望論にはもう少し複雑な側面もある。以下、小学校英語を支持する態度の構造をもう少し詳細に見ていこう。

筆者は以前、保護者を対象にした意識調査データを二次分析し、必修化支持の構造を分析したことがある(「小学校英語をめぐる保護者の態度の計量分析」『関東甲信越英語教育学会誌』第三〇号、二〇一六年)。この研究で、どのような要因が強まれば必修化への支持が促されるのか(あるいは抑制されるのか)を分析した。その結果が図5-2である。

図の「効果への期待」とあるのは、小学校英語によるさまざまなメリットに対する期待感を反映した因子である。「制度面の不安」は、教師の英語力不足、外国人教員の不足、指導内容のばらつきといった現行の教育環境の不備に対する懸念を反映した因子である。「子どもへの悪影響」は、子どもの負担が増えたり、他教科の学習がおろそかになることへの危惧を反映した因子である。各因子がどれだけ必修化支持を促したか(あるいは妨げたか)、その度合が矢印の上にある数値である(正の値は支持を促したこと、負の値は不支持を促したことを意味する)。

その結果、小学校英語の効果に期待している人ほど必修化を支持しやすく、逆に、子どもへの悪影響を懸念している人ほど支持しにくいことがわかる。

ここまでは当然の結果であるが、一方、制度面に不安を抱いている人ほど必修化を支持しやすいという結果は少々意外である。これはおそらく教育環境の面での不備があるからこそ、必修化によって抜本的に改善されることを期待した人が多かったためだと考えられる。単に、小学校英語の効能を無邪気に信じている人だけが支持に回っているわけではなく、条件整備に懸念を抱いている人もむしろ支持に傾きがちであるという複雑な構図がある。小学校英語に対する世論の圧倒的支持は、期待と不安の複合体を反映したものだという可能性を示唆している。

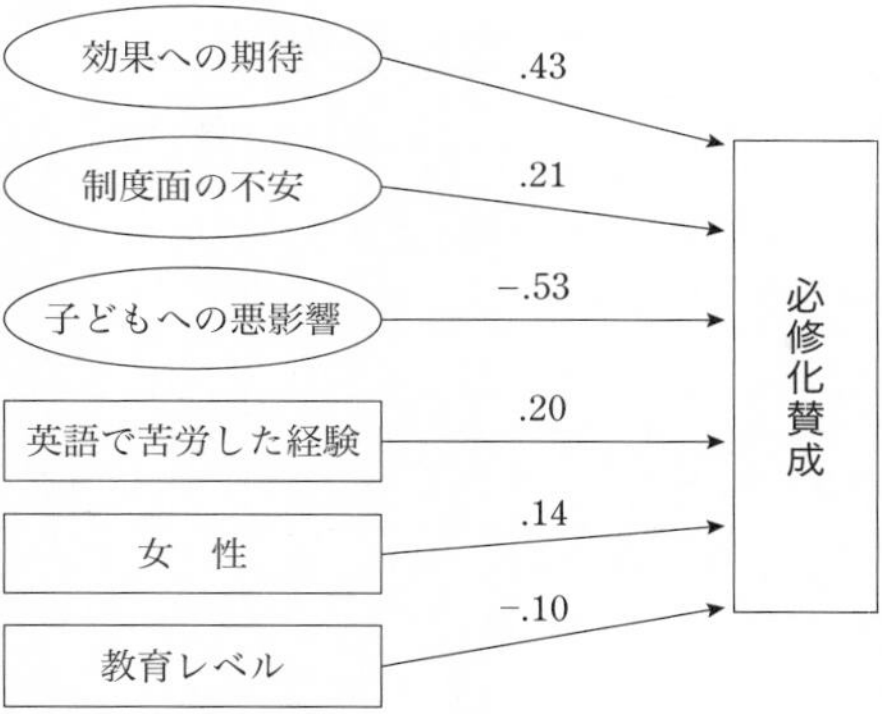


対象は，全国の公立小からランダムに選ばれた学校(31校)に子どもを通わせる保護者，計4718名.
- 数字は標準化係数.
- 共分散構造分析．オリジナルの結果から以下を省いて描画している．因子(楕円)の測定方程式，因子間の相関係数，統計的有意でなかった変数およびパス，誤差項からのパス.

データの出所：「第1回 小学校英語に関する基本調査(保護者調査)」(2006年9〜10月実施)，ベネッセ教育総合研究所.

**図5-2**　必修化支持の規定要因

表 5-5　保護者が小学校英語に望むこと(2006 年)

| | 選択者 |
|---|---|
| 英語に対する抵抗感をなくすこと | 96% |
| 英語の音やリズムに触れたり，慣れたりすること | 96% |
| 英語を聞いたり話したりすること | 92% |
| 外国の人と交流すること | 89% |
| 外国の文化や生活を知ること | 86% |
| 英語の文字や文章を読むこと | 74% |
| 英語の文字や文章を書くこと | 68% |

複数選択可.「とても望む」「まあ望む」の合計.
出所：本文参照.

## 世論は政策を動かしたのか？

以上のように、特に二〇〇〇年代以降、世論や保護者は小学校英語を圧倒的に支持してきた。ただし、これをもって、世論が小学校英語を後押ししたと述べるのは不正確である。これまで見てきたとおり、小学校英語政策は一九八〇年代から、世論とは独立した形で、文科省・官邸によって構想されてきたからである。また、二〇〇二年以降の総合学習における英語活動や、二〇一一年以降の外国語活動は、世論が望んだものと相当のずれがある。

前述の「小学校英語に関する基本調査(保護者調査)」(二〇〇六年)は、小学校英語に望むことを保護者に尋ねているが、必修化支持者の多くが、英語活動・外国語活動で目標とはされていない、ないものを望んでいることがわかる(表5-5)。たとえば、英語の文章を読む・書くというのは、外国語活動では行わないことになっていたが、それぞれ七四％・六八％が望んでいた。

もっとも、民主国家である以上、文科省も政治家も、世論を無視することはできない。ただ、小学校英語のような教育課程の改革案を最終的に決定するのは事実上、文科省の部局レベルであり、そこに世論を直接反映させる回路はほとんどない(例外的にパブリックコメントという制度があるが、その影響力は残念ながらかなり小さいと考えられる)。こうした事情から、世論と政策は多くが断絶しているのである。ただし、もし世論が強く反対していたなら改革プランの円滑な施行は難しかったと考えられるので、その意味で、小学校英語を間接的に後押しした側面はあるだろう。

## 習っている子どもは常に一割台

世論との関連で、当時の社会でどれだけ早期英語が一般的であったか検討したい。注目するのは、小学生の学校外の英語学習経験である。

ベネッセ教育総合研究所「子育て生活基本調査(小中版)」の一九九八年・二〇〇二年・〇七年・一一年の各調査は、保護者を対象に、現在子どもに「英会話などの語学教室や個人レッスン」を受けさせているかどうか尋ねている。

その結果を整理したのが表5‐6である。一九九〇年代から小学生の一割〜二割弱は習い事

表5-6　習い事として英語を学ぶ小学生

| | 1998 | 2002 | 2007 | 2011 |
|---|---|---|---|---|
| 小1 | — | 18% | 16% | 16% |
| 小2 | — | 19% | | |
| 小3 | 11% | 19% | 14% | 16% |
| 小4 | 12% | 17% | | |
| 小5 | 13% | 15% | 14% | 15% |
| 小6 | 17% | 13% | | |

首都圏の保護者を対象にした調査．報告書では母親の回答の分析のみ．

出所：「子育て生活基本調査（小中版）」各年版，ベネッセ教育総合研究所．

として英語を学んでいたことがわかる。ただし、二〇〇〇年代になってその数値が急上昇しているわけではない。近年の小学校英語への圧倒的支持とは少々異なり、習い事としての早期英語が最近になって過熱化しているわけではないことがわかる（なお、それとは対照的に、スポーツ系の習い事に通う小学生は、一九九八年から二〇一一年の間に大きく増加した。一一年調査の報告書参照）。

### 学ばせる理由は社会階層で異なる

ところで、保護者が英語を学ばせる理由はどのようなものだろうか。前述のベネッセ教育総合研究所の調査（二〇〇六年）によれば、全保護者のうち、子どもに英語を学校外で習わせていると答えた保護者は計八八六名（回答者全体の約一九％）。このうち、英会話教室が最も多く五二％であり、ついで学習塾の英語コース（二三％）、通信教育の教材（一二％）、市販の英語教材（六％）と続く。

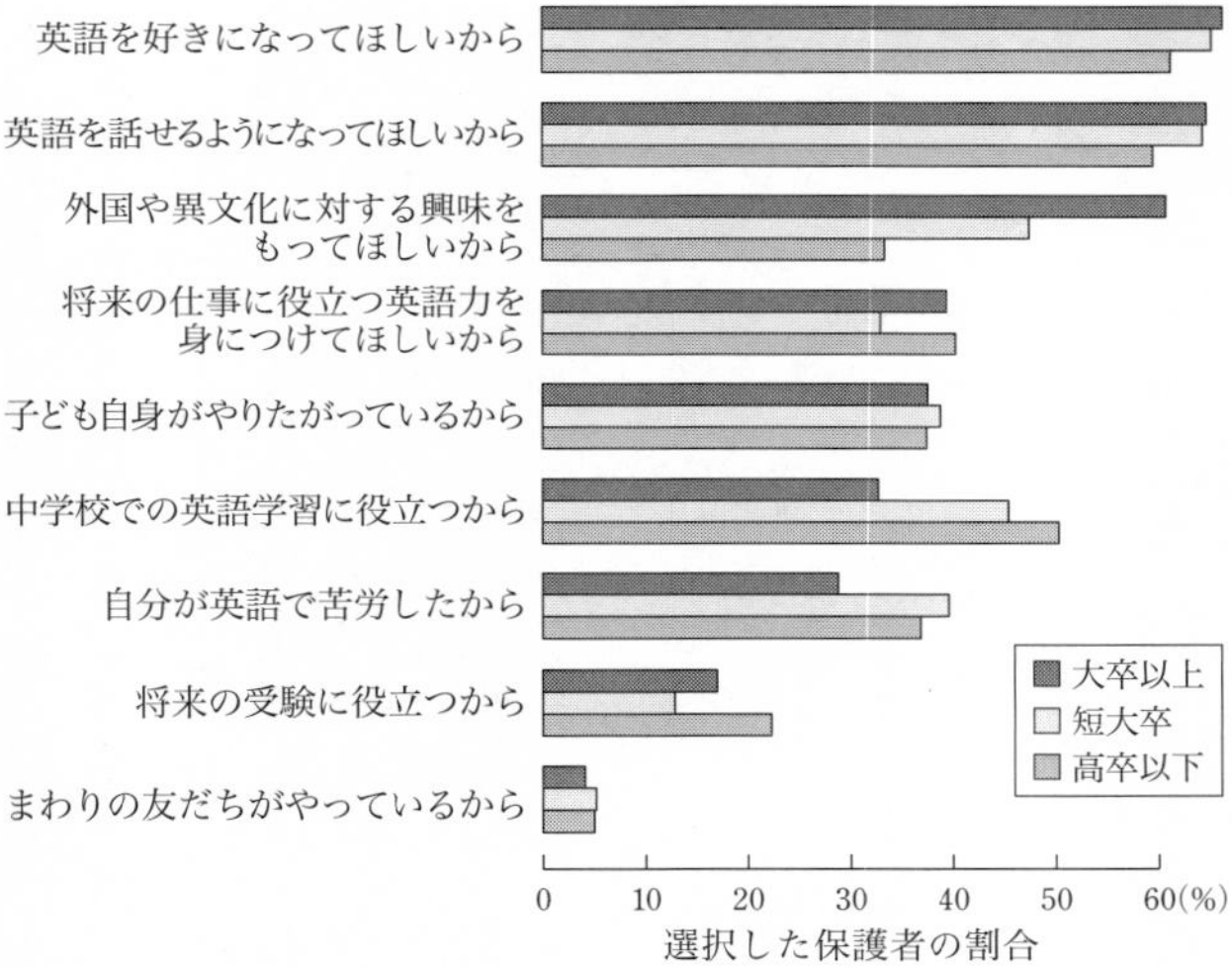


出所：「第1回　小学校英語に関する基本調査(保護者調査)」
ベネッセ教育総合研究所，2006年．詳細は前述．

**図5-3**　子どもに英語を習わせている理由

習わせていると答えた保護者にさらに、どのような目的で習わせているかを尋ねた結果が、図5-3である。九個の選択肢(複数選択可)のうち、特に選択率が高い上位二つが、「英語を好きになってほしいから」および「話せるようになってほしいから」である。

これ自体は当然の結果だと思われるが、興味深いのは、それ以外の項目に親の社会階層による影響が見てとれる点である。

図は親の教育レベル別に集計しており、それによると、先ほどの上位二項目は学歴と関係なく数値が高いが、一方で、「外国や異文化に対する興味をもってほしいから」は、明らかに教育レベルと選択率が比例している。一方、「中学で役立つ」は逆に、教育レベルが高くなるほど選択率が小さくなる。いろいろな解釈が可能だがひとつの可能性として、教育レベルが高くなるほど、英語学習に求めるものが抽象的・文化的になり、実利的な目的から離れていくのだと考えられる。

# 第Ⅱ部

# 小学校英語の展望

小学校英語教科化を議論した 2013 年 5 月 22 日の教育再生実行会議．写真：共同通信社．

# 第6章　現在までの改革の批判的検討

第1章から第5章まで、約一〇年ごとに小学校英語の経緯を検討してきたが、本章では改めて広い視野でこの改革を検討したい。まず、第1節で、三〇年にわたる改革の歴史的な流れを整理し、日本の小学校英語政策がいかなる条件のもとで実現されてきたかを明らかにする。つぎに第2節で最新の学習指導要領に焦点を当て、その問題点を詳細に分析する。

## 1　小学校英語三〇年の歴史を振り返る

### 国際理解教育としてのスタート

第1章で見たとおり、日本には戦前から英語教育を行う小学校があったが、それはあくまでごく一部の学校・自治体が自主的に行った例外的な実践に過ぎなかった。一方、小学校英語が政策的に、つまり全国の小学校に何らかの意味での拘束力をもった制度として構想され始めるのは、一九八〇年代まで待たねばならない。

日本の小学校英語政策の端緒は、象徴的な意味では一九八四年から始まる臨時教育審議会（特に八六年の第二次答申が重要）である。一方、実質的な議論が始まったのは、一九九一年に文部省に設置された「外国語教育の改善に関する調査研究協力者会議」からである。

学習指導要領改訂をめぐる九〇年代の審議において、国際化への切迫感から小学校英語を望む声は大きかったが、それ以上に教育におけるゆとりを希求する声は大きかった。国際化への対応とゆとり教育（学習内容削減）は相反する課題だが、これらを両立させる解が、総合学習のオプションのひとつとして英語活動を行うことを認めるというものだった。こうした出自から、日本の小学校英語は、伝統的な英語科教育とはかなり異なる形態でスタートした。国際理解教育の意味合いが強く、しかも、小学校教育の枠組みを大前提にするものであり、したがって、学級担任が指導の中心となった。言い換えれば、小・中・高・大を貫く英語教育という枠組みではなかったのである。同時に、ゆとり教育重視の風潮から、英語活動が教科と「誤解」されること、その結果、英語学習が過熱することに対し、非常に強い警戒感があった。

## 多様化？ 画一化？

二〇〇二年施行の学習指導要領のキーワードは多様性＝反画一性であった。各学校の創意工夫による特色ある学校づくりが目指された。その象徴が総合学習の新設である。

この「多様化圧力」は、教育をめぐる政治経済的側面にも押し寄せた。二〇〇三年、小泉政権の規制緩和政策の一環として始まったいわゆる教育特区制度の下、特区に認定されれば学習指導要領に縛られずに独自の教育課程を編成できることになった。この結果、特区に認定された自治体がこぞって、当時の学習指導要領では認められていない教科の英語に乗り出すこととなった。しかし皮肉なことに、地域の独自性・多様性を旗印に始まった特区制度だが、相当の画一化を生み出した。画一化の代表がほかでもなく、英語教育である。多くの自治体が地域性と関係が薄い英語教育プログラムの申請を行ったからである。

以上の多様化状況は、別種の「画一化」をもたらした。小学校外国語活動の必修化（二〇〇八年の学習指導要領改訂で決定）である。必修にする根拠のひとつに、小学校英語の取り組みに全国的なばらつきがあり、それが種々の問題を引き起こしていることが挙げられていた。つまり、ばらつき解消のために共通の教育内容が求められたのである。必修化は、ほかでもなく多様化に対する反作用の結果であった。

もっとも、二〇〇〇年代半ば、中教審委員の見解は完全にばらばらであり、小学校英語をどのように具体化するべきかについてコンセンサスが得られる状況ではなかった。教科化を推す委員もいれば、総合学習の継続を推す委員もおり、また、そもそも小学校英語に断固反対を貫く委員もいた。こうした議論の混沌状況をソフトランディングさせたのは、文科省事務局のコントロールであった。

結果、外国語活動は、総合学習とは独立した「領域」にする、高学年で週一コマ行う、教科のように英語スキル育成を主目的とはせず、コミュニケーションに慣れ親しむことを重視する、ということで落ちついた。中教審委員の一部や財界には、英語スキルを徹底的に伸ばすべきだとする声も大きかったが、そうした教科化圧力の防波堤となったのが、文科省事務局の名采配だったと言える。

## 官邸主導による教科化

一方、二〇一〇年代の小学校英語政策論議では、文科省のイニシアチブは発揮されにくくなる。政策決定が官邸主導・政治家主導で進展したからである。第５章で見たとおり、第二次安倍政権発足直後の二〇一三年に官邸に設置された政策会議（教育再生実行会議・産業競争力会議）

で、小学校英語の教科化・早期化が提案され、それらはそのまま同年六月に第二期教育振興基本計画として閣議決定された。

重要な点が、同年四月に出された中教審答申では、早期化・教科化への言及は一切なかった点である。中教審・文科省の頭を飛び越えて、官邸が早期化・教科化の旗を振ったわけである。しかも、官邸サイドは単に方向性だけではなく、具体的なプログラムを提案した。そのため、文科省は具体案をそのまま受け入れざるを得ず、文科官僚による「最適化」は機能しなかった。

小学校英語を検討するため、文科省も自前の会議体(有識者会議・中教審)を組織したものの、早期化・教科化という前提条件を踏み越えない範囲での審議だった。このため、次節で見るとおり、文科省から出された結論は、「結論先行・根拠は後づけ」という苦しい論理展開が散見されることになる。

かくして教科化が実現された。教科化があれほど警戒されていた二〇年前(一九九〇年代)とは隔世の感があるし、審議過程の早い段階で教科化という選択肢が消滅した一〇年前(二〇〇〇年代)と比べても大きな転換である。

教員研修や養成が思うように進んでいない現状に通じていた文科省は、基本的に教科化・早期化には慎重だった。こうした文科省の姿勢は、早期化・教科化の推進者には「守旧派」と映ったことだろう。こうした「守旧派」の保守性を乗り越えることができたのは、官邸主導で政策決定が行われたからにほかならない。

## 守旧派と改革派

問題は、「守旧派」とレッテルを貼られがちのアクター（特に文科省や中教審、そして小学校現場）の「保守性」なるものが、旧態依然に安住したいだけの非合理的なものだったと言えるのかどうかである。答えは否であろう。文科省が急激な改革よりも制度を少しずつ修正していく漸進主義的な改革に親和的であったのは、急激な改革をするだけの条件がそろっていないという現状認識をもっていたからであり、また、そうした条件が今後新たな財政措置などで改善される見通しがなかったからである。財界や政治家などさまざまなアクターから英語教育早期化を要求されつつも、教育現場や財政制度、理論的・科学的知見、社会的動向などを踏まえながら総合的に判断するのが文科省の重要な役割であり、実際、二〇〇〇年代までの小学校英語政策ではその役割が十分に発揮されていた。

一方で、二〇一〇年代の早期化・教科化という大改革は、そうした総合調整をスキップしたからこそ実現できたものだと言える。もっとも、官邸付きの教育再生実行会議にこの種の総合調整機能が備わっていれば問題はないのだが、それは期待薄であろう。委員の顔ぶれを見ても、審議過程を見ても、教育現場・教育行政の意見や科学的・理論的な情報をすくいあげるチャンネルを欠いていた。そもそも、審議事項の量に比べて全体の審議時間は驚くほど少なかった。結局、非専門家による印象論・個人的体験をベースにした、熟議とは決して呼べない短時間の審議で、重大な改革案が具体化されたのである。

## 日本の小学校英語の特徴

以上の歴史的過程は極めて重要である。経緯を踏まえることで初めて、日本の小学校英語の特徴、とりわけその特異な部分を理解できるからである。

その点を見る前に、日本の小学校英語がどういう点で特異なのか、言い換えれば、どのように世界的なトレンドからずれているのかを確認しよう。

第一に、よく知られているように、日本の英語教育開始年齢は世界的に見て遅い。ブリティッシュ・カウンシルが二〇一一〜一二年に世界の六四カ国を対象に行った調査によれば、図6-1に示すとおり、多くの国が小学校低学年から英語教育をスタートさせているのに対し、日本の開始学年(小学五年=調査当時)はかなり遅いグループに属する(ただし、そもそも小学校で英語

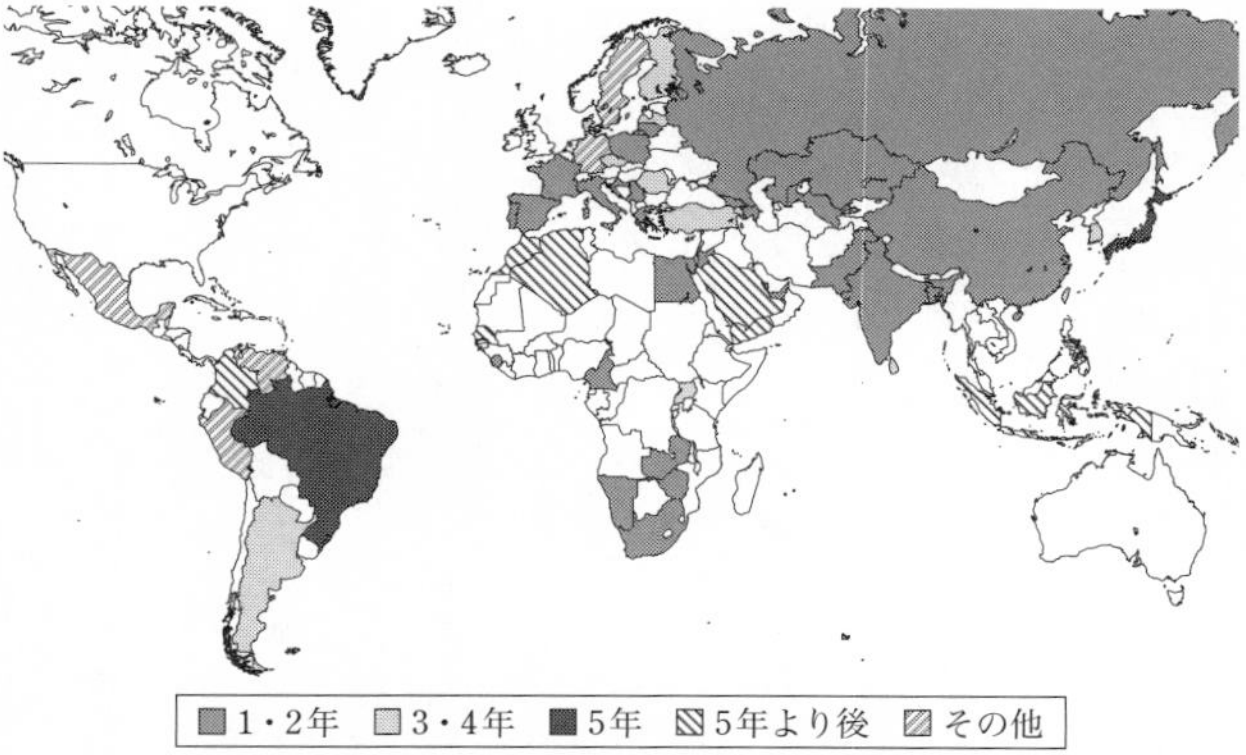


- 小学校入学以前から英語が必修である国もある.
- 英語教育の開始学年であり，第二言語教育の開始学年ではないことに注意(たとえば，アルジェリアはフランス語を小3から開始).

出所：Shelagh Rixon (2013). *British Council survey of policy and practice in primary English language teaching worldwide* に基づいて筆者作成.

**図 6-1**　各国の英語教育開始学年

を教えていない国もあり、最も遅いわけではない)。

第二に、日本は、小学校英語の学習量の少なさという点でも特徴的である。第五・六学年での週一コマ＝年間三五コマ(二〇一一〜一九年)は国際的に見てかなり少ない。また、多くの国では中等教育・高等教育と連続性をもった「教科」として導入しているのに対し、日本の「外国語活動」というプログラムは制度上、中学高校と独立している。

第三に、そもそも外国語活動が(そしてその事実上の前身である総合学習における英語活動も)、日本独自の教育プログラムである。外国語に関する必修プログラムであるにもかかわらず、外国語能力の育成を表向きは目指さず、異文化理解や母語を含めた会話に対する積極性を伸ばすことを目的にするものを、他国の教育課程に見つけることは難しい。

## 歴史的に水路づけられた特殊性

こうした日本の特殊性を、「ガラパゴス化」などと厳しく批判する論評も多い。この種の論評では、「ガラパゴス化」の原因を、行政や英語教育関係者のメンタリティ、つまり後進性や既得権益にしがみつく態度に帰することがしばしばだが、実際のところ扇情的な批評ばかりで、実証的根拠を提示しているものはほとんどない(そもそも「ガラパゴス」はローカル環境に最適化するための独自の進化を象徴した価値中立的な言葉であり、そこから「世界から取り残されている」という意味を取り出すのは、偏った価値観の反映である)。

一方、社会科学は——とりわけ政治学や社会学は——人々のメンタリティではなく、社会制度や歴史的経緯の観点から現象を説明する理論を発展させてきた。そして、日本の小学校英語の特殊性も、他の社会制度や慣習と同様に、歴史的に説明できる部分が大半を占めるというのが筆者の考えである。

現在の制度や慣習が、(現代の人々の都合よりも)歴史的な経緯によって大きく形づくられることは広く知られており、社会科学では経路依存性と呼ばれている(ポール・ピアソン『ポリティクス・イン・タイム』)。経路依存の例としてよくもち出されるのは、QWERTY式キーボードである。キーボード上段は左からQ・W・E・R・T・Y……と奇妙な配列になっている。この配列は現代ではなんら合理性がないが、歴史のある時点ではたしかに合理性を備えていた(一九世紀におけるモールス符号の送信上の都合だという)。その事情は時代とともに失われたが、すでに市場を席巻していたQWERTY配列は二一世紀にもレガシーとして生き残ったのである。

### 小学校英語の経路依存性

日本の小学校英語における重要な初期条件は、具体的な審議がゆとり教育推進の真っ只中で始まったことにある。国際化に対応したカリキュラムづくりと教育内容の削減という相反する圧力を調停する形で、総合学習における国際理解教育の一環として英語活動が始まった。この結果、小学校英語は国際理解教育としての性格を色濃く帯びるようになった。

総合学習のひとつのオプションとして導入されたことは、学級担任といういわば「現有勢力」での対応を意味していた。したがって、若干の支援体制は整えられたものの、抜本的な条件整備は行われず、教員養成・研修も遅々として進まなかった。

しかも、当時からすでに「地域に開かれた学校」が合言葉になっており、民間のボランティアや英語講師が「支援」として教室に入っていた。そのおかげで、ごく短期的・局所的には指導者不足は乗り越えられたが、条件整備の問題はうやむやになった。ただし、これは「開かれた学校」の本義のある種の「誤読」である。そもそも中教審答申(第一次答申、一九九六年七月)の「地域に開かれた学校」とは、従来の学校の閉鎖性(なるもの)を打破し、学校・地域・家庭が一丸となって子どもを育てるべきであるという理念であり、民間人を利用すれば指導者不足が解決できるなどという対症療法の話などではまったくなかった(武井哲郎『「開かれた学校」の功罪』参照)。

そのつぎの学習指導要領改訂における外国語活動では、総合学習における英語活動との連続性が重視された。すなわち、英語スキルの育成を目指さず、国際理解や英語学習への態度など情意面の育成を重視する、いかにも「小学校教育らしい(英語教育らしくない)」プログラムであった。その当然の帰結として、主たる指導者は依然として学級担任であった。そのため、意図してのことではないだろうが、皮肉なことに条件整備の抜本的な改善は進まなかった。

そして、二〇二〇年からの改革では、小五・六は教科の英語だが、外国語活動は小三・四に前倒しされるので、特殊日本的なプログラムの「遺産」は依然、生き続ける。

以上のように、初期の制度を学習指導要領改訂のタイミングごとに徐々に「微修正」していく形で英語教育改革が進行してきたため、国際的に見れば改革は緩慢としているし、そして、スキル育成だけでなく、国際理解や会話への積極性など雑多な目標が詰め込まれたプログラムになったわけである。

## 政策の総合調整は不可欠

ところで、二〇二〇年の教科化が、官邸主導でごく短期的に実現したことはすでに見たとおりである。文科省主導で行われた従来の漸進主義的な教育改革が、官邸のイニシアチブにより、大きく躍進した。言い換えれば、来たる教科化のための布石が置かれていないにもかかわらず、改革に突入した。今までソフトランディングしか経験してこなかった教育現場が、今後、このハードランディングを本当に受け止めきれるかは予断を許さない。

二〇二〇年代およびそれ以降の改革はどうなるだろうか。依然として官邸主導が続き、政権が変わるごとに一新される会議体（教育再生実行会議など）で改革プランが練られるならば、良く言えば機動性が高い、悪く言えば近視眼的になるリスクを抱えた英語教育改革が進むだろう。

日本の(英語)教育課程は、(しばしば長期的視野に欠けると批判されるものの)他国と比べれば、政権の都合で朝令暮改になるリスクは低い。その理由は、第一に、学習指導要領の改訂間隔が約一〇年と比較的長く、第二に、文科省や族議員(特に自民党文教族)が時の政権のさまざまな要求に対し緩衝材として機能していたためである。

したがって、官邸主導が続くなら、官邸付きの会議がこの緩衝材の役割を継承しなくてはならない。非専門家の良く言えば野心的な、悪く言えば無責任な提案を、適切に処理するだけの総合調整能力および英語教育現場・行政に関する豊富な情報収集能力が必要になる。果たしてこうした機能が官邸付きの教育政策会議に、今後期待できるかは未知数である。

## 官邸主導の政治的背景

ところで、そもそも従来の文部(科学)省主導の英語教育政策が二〇一〇年代になって官邸主導に転換したのはなぜだろうか。この点を理解するためには、過去三〇年の政治改革・省庁改革の流れを理解する必要がある。小学校英語論からは逸れるが、簡潔に確認しておきたい。

よく知られているとおり、五五年体制(一九五五~九三年)のもとでは、政策過程において各省庁の官僚および自民党(特に官僚とタッグを組んだ族議員)の影響力が大きく、首相官邸のリーダーシップは低く抑えられていた。

こうした官僚主導は、一九九〇年代の一連の政治改革・行政改革を契機に転換する。九四年の法改正によって、衆議院選挙が従来の中選挙区制から小選挙区制に変わり、また、政治献金の規制の強化と引き換えに政党助成金制度が導入された。この結果、選挙での公認や政治資金の分配の権限を握る自民党執行部の影響力が増大し、しばしば首相に対する抵抗勢力となっていた派閥の影響力は低下した。他方、九〇年代後半の行政改革論議を経て、二〇〇一年に中央省庁が再編された。この結果、内閣機能が大幅に強化され、首相のリーダーシップは増大した。

こうして実現された官邸主導が、英語教育改革と合流したのが第二次安倍政権(二〇一二年〜)である(それ以前に官邸主導を演出したのが小泉純一郎首相だが、小泉政権(二〇〇一〜〇六年)はその「聖域なき構造改革」の一環としての教育制度改革には並々ならぬ熱意を傾けていた一方で、英語教育を含む教育課程改革には関心が薄かった)。第二次安倍政権では、すでに見てきたとおり、官邸に設置された政策会議(教育再生実行会議・産業競争力会議)において英語教育改革の方針が比較的細部まで決められ、文科省は具体化という名の追認を行うだけの役割しか果たせなくなっていった。

表6-1　財界との関係

| | 献金 | 英語教育に関する政策提言・要望書 | 英語教育関係の審議会への参加 |
|---|---|---|---|
| 第III期（1990年代） | なし | なし | なし |
| 第IV期（2000年代） | あり | あり | なし |
| 第V期（2010年代） | あり | あり | あり |

## 財界の影響力

第二次安倍政権期では、財界の存在感がそれ以前と比べて大幅に増大したことも指摘しておきたい。英語教育政策との関連で重要な財界団体は、日本経済団体連合会（前身は経済団体連合会と日本経営者団体連盟）と経済同友会である。この二団体（前身から数えれば三団体）は、小学校英語の導入をはじめとした英語教育改革についてさまざまな政策提言をしてきたことは前章まででで見てきたとおりである。

さて、一般的に言って、財界が政策形成に影響力を発揮する回路は大別すると三つある。第一に、政権与党への献金、第二に、政策提言・要望書の発表、第三に、財界メンバーを審議会に委員として送り込むことである。

英語教育政策に限定すれば、これら影響力の三つの回路は表6-1のように変遷してきた。第Ⅲ期（二〇〇二年施行の学習指導要領の審議時期にあたる一九九〇年代半ば）においては、どの回路も機能していなかった。特に、一九八〇年代まで盛んに行われていた企業献金は、前述の政治改革およびバブル崩壊後の不況を受け、激減していた。つぎの学習指導要領の審議の頃(第Ⅳ期、二〇〇〇年代半ば)になると献金が再開されたが、そもそも献金は小学校英語のような個々の政策をピンポイントで推し進めるものではないし、また、同時期に行われた政策提言も象徴的なものに過ぎず、その実際のインパクトは不明である。

一方、二〇一〇年代の第二次安倍政権下では、献金・政策提言だけでなく、英語教育に関する政策会議にも財界メンバーが入り込んだ。教育再生実行会議・産業競争力会議で、財界サイドの委員が実際どれだけの影響力を行使したかを実証的に明らかにするのは難しいが、英語の早期化・教科化は、グローバル経済における競争力強化の文脈で提言されていたものであり、単にかれらが「お飾り」として座っていたわけではないだろう。

しかも、こうした官邸付きの政策会議だけでなく、文科省内の「英語教育の在り方に関する有識者会議」にも企業経営者が委員として参加している点は特筆に値する(5章参照)。このような個別教科の具体案を話し合う会議に財界メンバーが参加することは、二〇〇〇年代までには基本的になかったからである。

これは言ってみれば当然だろう。ビジネスマインドを備えた非専門家ならではの意見は、総論の場であれば議論の活性化という名目で歓迎されこそすれ、専門性を要求される具体案の議論で意義があるとは思えない。実際、右の有識者会議でも、企業経営者には勉強不足・準備不足の発言が目立ち、有「識」者として招いた意味があったのか疑わしい。このように、本来は専門家・教育関係者の牙城であった会議においても、企業経営者が迎えられていることは、財界の影響力の強まりの一証左であると言える。

## 2　根拠なき計画・実行

第1章から前節までは、政策の歴史的経緯に注目し、いきおいその内容に関しては踏み込んだ価値判断を控えてきた。一方、本節では、本書執筆時点で直近の改革である二〇二〇年四月からの小学校英語教科化・早期化をとりあげ、その中身にどのような問題があるか検討したい。

### 学習指導要領解説を読みこむ

すでに見たとおり、二〇一三年六月に閣議決定で教科化・早期化の方向性が打ち出された。その結果、中教審で学習指導要領改訂に向けた議論が始まる二〇一四年にはすでに既定路線になっていた。これは、改訂論議が教科化という結論ありきだったことを意味する。

こうした事情を頭の片隅に置きながら、『学習指導要領解説』(そして、そのもととなった中教審答申)を読むと、見事に根拠と結論の前後関係が逆転している様が読み取れる。つまり、教科化という結論が先にあって、この結論に都合のいい根拠をさまざまなところからつまみ食い的に拾ってくるという論理展開になってしまっている。

以上の問題意識から、本節では、『小学校学習指導要領(平成二九年告示)解説 外国語活動・外国語編』(以下『解説』)で述べられた改革の根拠を批判的に検討していく。

**教科化の根拠**

教科化・早期化の根拠は何だろうか。実は、『解説』では、根拠の面がかなり軽視されている(中教審答申も同様)。二〇〇頁を超える大部の文書にもかかわらず、改革根拠に言及しているのはわずか一頁である(それ以外の部分に書かれているのはほとんどが方法論——どのように外国語活動や教科の英語を実施していけばよいか——である)。

以下、根拠の中身を見ていくが、『解説』は控えめに言ってもかなりの悪文で、逐次的に引用しながら検討するのには適さない(原文はウェブで閲覧可能)ため、その論理構成を図解する(図6-2)。

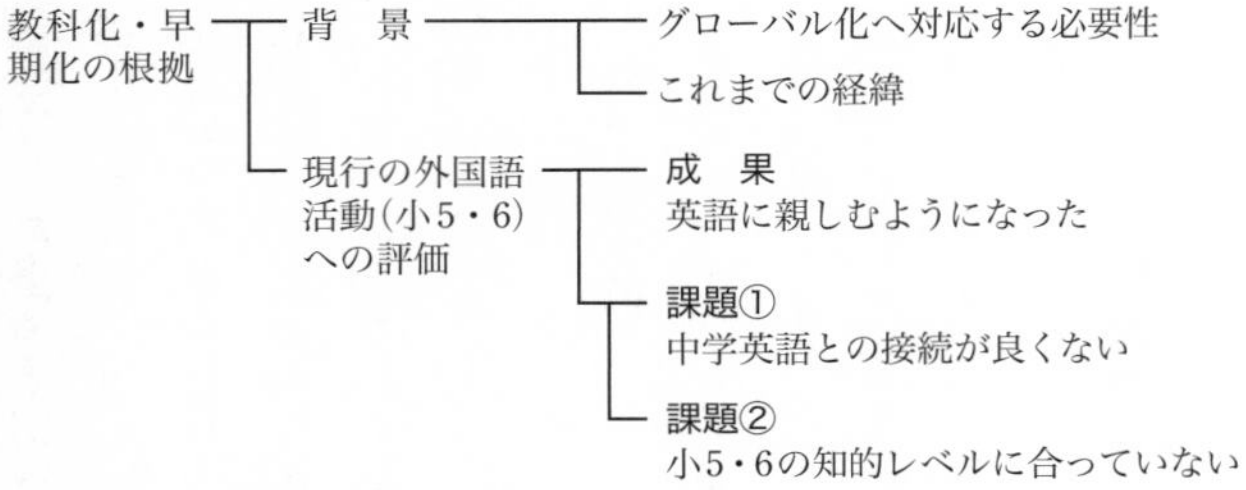


出所：『学習指導要領解説』に基づいて筆者作成.

図 6-2　早期化・教科化の根拠，その論理構成

まず改革の背景として一般論(グローバル化・これまでの経緯)を述べる。つぎに、小五・六で実施している現行の外国語活動に成果が上がっていることを指摘しつつ、一方で現状の課題を述べる。その課題の解決のための施策が、早期化・教科化である。

このうち、成果と課題こそが早期化・教科化にとって最も重要な根拠である。『解説』はつぎの成果・課題を挙げている(筆者による要約)。

**成果**　現行の外国語活動で子どもは英語により親しむようになっている。成果と言ってよい。

**課題①**　しかし、文字を扱っておらず、また、体系性のある学習に限界があるため、中学校の英語学習とうまく接続できていない。

**課題②**　しかも、小学校五・六年生の知的レベル(抽象的

思考力)に釣り合っていない。

つまり、外国語活動のままでは、英語学習の一貫性(特に中学校英語科との接続)および体系性の面で課題が多いので、小五・六から教科化すべきであるという論理展開である。一方で、外国語活動そのものの成果は認めている。丸ごと廃止という極論は導かず、むしろ小三・四への前倒しを提言した形である。

実際の文章ではかなり回りくどく書いてあるが、読み解いてみればその意図は単純明快で、つまりは早期化と教科化の両方の正当化である。教科化するためには現状の外国語活動に課題があると指摘しなければならないが、問題点を指摘するだけでは外国語活動の全否定になってしまうので、成果も述べる。以上が教科化・早期化の根拠である。

### 「成果」はあったのか?

以上の成果・課題は、いわば建前として提示されたものである。そこで、つぎに問いたいのが、この建前が実質的にも成果・課題と呼べるか否かである。言い換えれば、外国語活動には本当に成果があったのか、そして、現状の課題は教科化が必要なほど深刻なものだったのか。

まず、成果面について『解説』では、外国語活動で「児童の高い学習意欲、中学生の外国語教育に対する積極性の向上といった成果」(七頁)が認められるとしていた。これはどれだけ信じてよいのだろうか。

## 教育の成果を検証する難しさ

この点を考える前に少し回り道をしたい。教育の成果を議論する際に注意すべきは、どんな教育でも何かしらの成果があるという点である。これは小学校英語に限らず、プログラミング教育でも組体操でも教育勅語の暗唱でも同様で、やれば子どもは何かしらの成長をする。したがって、「小学校英語を経験した子どもがこんなに成長しました」と訴えるだけではあまり意味がない。小学校英語を経験した子どもとしなかった子どもを比較し、「成長」に差があったことを示して初めて成果と言えるからである。

非経験者との比較が決定的に重要な理由は、観察された「成長」が実は見かけのものに過ぎない可能性があるからである。つまり、一見すると小学校英語の効果を示したデータがあったとしても、実際には他の要因が効いていただけの場合、あるいは、たまたま効果があっただけの場合など、疑似効果が生じる状況は多数ある。こうした疑似効果を除去するために、比較に基づく調査設計は重要である。

特に子どもが対象の場合、大いに注意すべきなのが、子どもが本来備えている発達的な力である。子どもは日々成長している。特別な教育プログラムを経験せずに放っておいても何かしら成長はする。たとえば、小五から一年間、とある英会話プログラムを行ったクラスがあったとしよう。その結果、「一年後、クラスの平均身長が五センチ伸びました」と言われても、誰もそれを英会話の効果とは思わない。どう見ても発達面での成長だからである。しかし、「一年後、コミュニケーションへの積極性が高まりました」と言われると、英会話の効果だと思いたくなってしまう。しかし、これも発達的成長である可能性は否定できない。発達の結果ではなくプログラムの成果だと主張するためには、非経験者との比較が決定的に重要である。

### 英語に親しむようになったのか

話を戻して、「児童が英語に親しむようになった」という成果について検討したい。

この主張の根拠となる調査データは『解説』には明記されていない。ただし、中教審での審議内容を踏まえると、そのひとつが、文科省が二〇一一年度から行っている小学校外国語活動実施状況調査だということがわかる。

たとえば、文科省教育課程部会教育課程企画特別部会の第六回(二〇一五年四月二八日)における「小学校外国語活動(五・六年生)の成果・効果について」という資料において、同調査の「成果」が示されている。以下に概要部分を引用する。説明の便宜上、原文にはない番号(①〜③)を付した。

平成二三(二〇一一)年度より、小学校高学年(五・六年生)に外国語活動(週一コマ)を導入後、

① 児童生徒:小学生の七二%が「英語の授業が好き」、九一・五%が「英語が使えるようになりたい」、中学一年生の約八割が「小学校外国語活動で行ったことが中学校で役立っている」と回答。

② 小学校教員:導入前と比べ、小六の生徒に「成果や変容がみられた」と感じる教員が七七%。

③ 中学校教員:導入前と比べ、中一の生徒に「成果や変容がみられた」と感じる教員が七八%。

その変容として、外国語によるコミュニケーションへの積極的な関心・意欲・態度のみならず、英語を聞いたり話したりする力もついてきていると挙げている。（出典：小学校外国語活動実施状況調査（H二三〜二四））

①は外国語活動がうまくいっている、少なくとも多くの子どもが否定的に捉えていないことを示すデータだと考えられるが、比較がなされていないため、効果と見なすことはできない。たとえば、もし外国語活動導入より前の調査でも九割が「英語が使えるようになりたい」と答えていたとしたら、小学生の大部分は英語の上達を望みやすいという一般傾向を示しているに過ぎなくなる。

②と③は一見すると導入前と導入後の比較であるが、実際は導入後のみを調査したものである（過去を振り返るタイプの調査）。新しいプログラムが少なくとも一部の子どもに何らかの変容をもたらすことは疑いなく、八割近い教員が成果や変容があったと答えていることは驚くにあたらない。重要なのは、成果が平均的に見て観察できるかどうかである。印象値で聞いていることも含めて、信頼に足るデータとは言えないだろう。

以上をまとめると、学習指導要領改訂の際に考慮された成果（のようなもの）は、いずれも信頼に足る調査ではなかったということである。政策は科学的根拠に基づいて合理的に決まっているはずだと考えていた人にとって衝撃的な事実かもしれないが、日本では根拠を欠いたまま特定の教育施策が導入されることはままある(もっとも、これは日本だけには限らないが)。

## 調査そのものがない

一般論として言えば、小学校英語の効果(たとえば、慣れ親しむようになったか否か)を検証する調査の設計は、ごくシンプルである。小学校英語の経験者と非経験者を比較して、前者のほうが学習への意欲・積極性が高いかどうか検証すればよい。学習意欲・積極性は抽象的な概念ではあるものの、何らかの操作的定義を採用すれば問題なく測定できる(そもそも第二言語教育研究には外国語学習意欲に関して膨大な蓄積があり、測定方法の開発は進んでいる)。

にもかかわらず、文科省はそのような調査を実施していない。もっとも、早期化・教科化について議論していた頃(二〇一〇年代半ば)はすでに外国語活動が必修であり、小学生の間で非経験者を探すのは難しかっただろうが、対象者を高校生以上に広げれば検証可能だった。

調査が行われなかった原因は複合的なものだろう。第一の理由が、教科化・早期化が官邸主導であり、文科省のイニシアチブで改革に向けた調査計画・調査予算を用意できなかった点。

第二に、万が一、調査で成果がなかったことが明らかになった場合、事業縮小・予算削減を余儀なくされるため、そのようなリスクは冒しにくい。文科省にとって中立的・第三者的に検証するインセンティブがそもそも少ないのである。第三に、既存の研究開発学校には、特定のプログラムの効果を検証することが期待されているわけではない。主たる目的は、来たる改革のためのカリキュラム開発や情報収集であり、文字どおりの意味での「実験」のためにある学校ではない。

以上、文科省にとって、同情すべき事情もあるが、調査データを欠いていたことは事実であり、この点の問題性は論をまたない。

### 「課題」は本当に問題なのか

つぎに「課題」についてである。『解説』は、教科化する根拠として、外国語活動のままでは体系的な英語学習を行えず、中学校の学習にうまくつながらないことを挙げた。

ここで問うべきは、外国語活動には本当にそういう問題があったのかという点だが、結論から言えば、信頼に足るデータはない。中教審等での審議において文科省事務局は、小学校段階で読み書きをもっと学びたかったという中学生の声を「データ」として紹介しているが、それはあくまで学習者のニーズの話であり、学習の体系性に問題があることの証拠にはならない。これ以外に、この「課題」の明確な証左となるデータは示されていないのである。

そもそも、英語教育研究全体を見回してみても、この種の問題を明らかにした調査はおそらく皆無である。小学校英語の研究者は多数いるが、外国語活動によって体系性のある学習が阻害されたことを明らかにした研究は寡聞にして知らない(研究テーマとして取り組んでいる研究者がいるかどうかも疑わしい)。

「現状に課題があるから」というのが改革の最重要の根拠の一つだったにもかかわらず、その点についてなんらデータの裏づけがないばかりか、調査が行われている形跡すらないというのは、常識的に考えれば奇妙な話である。実態としては、官邸から教科化の方針が突如降ってきたために、苦肉の策として「課題」をひねり出さざるを得なかったというところだろう。

ところで、中学への接続に問題があることを実証した研究はないと述べたが、その逆に、どうすれば外国語活動をスムースに中学英語へつなげられるかについては多くの研究蓄積がある。つまり、研究者や教育現場は、以前から小中接続のあり方を真摯に模索してきたのである。しかし、文科省はそのただ中に、外国語活動のままでは接続は難しいと確たる根拠もなく結論づけたことになる。関係者にとっては、梯子を外されたようなものであり、同情を禁じ得ない。

以上見てきたとおり、教科化・早期化の根拠には粗さが目立つ。現行の外国語活動の成果・課題をほとんどまともに点検せずに、新たな改革を行おうとしている。奇しくも、文科省は二〇一五年六月に策定した「生徒の英語力向上推進プラン」を通じて、各都道府県に「ＰＤＣＡサイクル」の構築を促した。ＰＤＣＡとはPlan（計画）、Do（実行）、Check（評価）、Action（改善）という四段階を繰り返すことで、業務の着実な改善を図るという考え方である。

考え方は立派だが、教科化・早期化という結論ありきで理屈をひねり出す文科省の姿勢は、明らかにCheckとActionを欠いている。考えてみれば、二〇〇〇年代の必修化に関する審議でも、先行実施校の事例の検討（CheckとAction）が丁寧になされていたとは言い難い。その意味で文科省が回してきたのは昔から「ＰＤＰＤＰＤ……」サイクルに過ぎなかったと言えよう。

# 第7章　どんな効果があったのか

本章では、小学校英語をめぐる最大の論点のひとつであり、政策論議においても最重要事項である、小学校英語の効果・有効性について検討する。

## 1　教育政策を支えるデータとは

### 政策と研究のミスマッチ

そもそも、小学校段階から英語を始めれば、中学から開始するよりも、英語力向上等の面で大きな効果が見込めるのだろうか。

この問いは、極めて重要なものであり、すでに多くの実証研究が国内外で行われてきた。とりわけ小学校英語推進派の研究者は、経験者等を追跡調査し、種々の測定を行い、早期開始の効果を検討する研究を行ってきた。この研究結果の一部は、小学校英語の意義をアピールするための根拠として引用されることもあった。

しかしながら、実証研究が、英語教育の政策過程に適切に反映されてきたとは言い難い。たとえば、二〇二〇年の教科化・早期化に向けた審議過程において、国内外の研究者が行ってきた研究成果にほとんど言及がない（その数少ない例外が、第二回「英語教育の在り方に関する有識者会議」における吉田研作座長によるプレゼンテーションである。吉田は、第二言語習得研究や国内での英語教育研究を多数引きながら、早期開始で即飛躍的な成果が得られるわけではないことを示した）。二〇一六年の中教審答申でも、改革の根拠として英語教育学者による研究は一切引用されていない。答申が依拠したのは前章で批判した文部科学省の調査のみである。

政策過程に関わる問題以外にも、研究者サイドの問題もある。それは、研究が政策形成に資するようにデザインされていない点である。

### 「エビデンス」の基本概念

では、政策決定に役立つ根拠は、調査・研究を通してどのように得ればよいだろうか。大いに参考になるのが、エビデンスベースト教育政策（evidence-based education policy）と呼ばれる分野である。「エビデンス」という概念は、もともとは医療分野（エビデンス・ベースト・メディスン。EBMの名でも広く知られている)で発展してきたが、現在は、社会政策・教育政策に広く応用されている。

なお、ここでの「エビデンス」は、独特の含意をもつ専門用語であり、日常語の「証拠・根拠」の意味で理解してはならない。特定の処置によって特定のアウトカム(結果、成果)が引き起こされると想定する因果モデル「処置→アウトカム」において、その因果効果を示唆する分析結果のことを指す。したがって、実際のデータに依拠していない推論などは、たとえどれだけ言語習得理論や指導理論に裏打ちされていても、エビデンスとは見なされない。小学校英語の効果に関して言えば、実際に小学校英語を経験した人・しなかった人のデータを収集・比較して初めてエビデンスと呼ぶことができる。

とりわけ重要な概念がエビデンス階層である。これは、エビデンスの質に明示的に優劣をつける考え方である。イメージをつかむために、比較的よく知られた医療のエビデンス階層を見てみよう(図7-1)。なお、医療研究におけるエビデンス階層を教育研究に直輸入することには問題があり、図7-1はあくまで参考として理解されたいが、下から上に行くにつれて研究の厳密性・網羅性が高くなっていることがわかるだろう。

そして、さらに重要な点が、この優劣の判断は、当該研究のデザインに依存するという点である。つまり、良いデザインのリサーチならば（たとえ無名の研究者や大学院生のリサーチであろうが）良いエビデンスとして評価し、一方、リサーチデザインに問題があれば（研究者にどれだけ権威や実績があろうとも）質の低いエビデンスとして評価するという考え方である。その意味で非常にフェアな基準である。

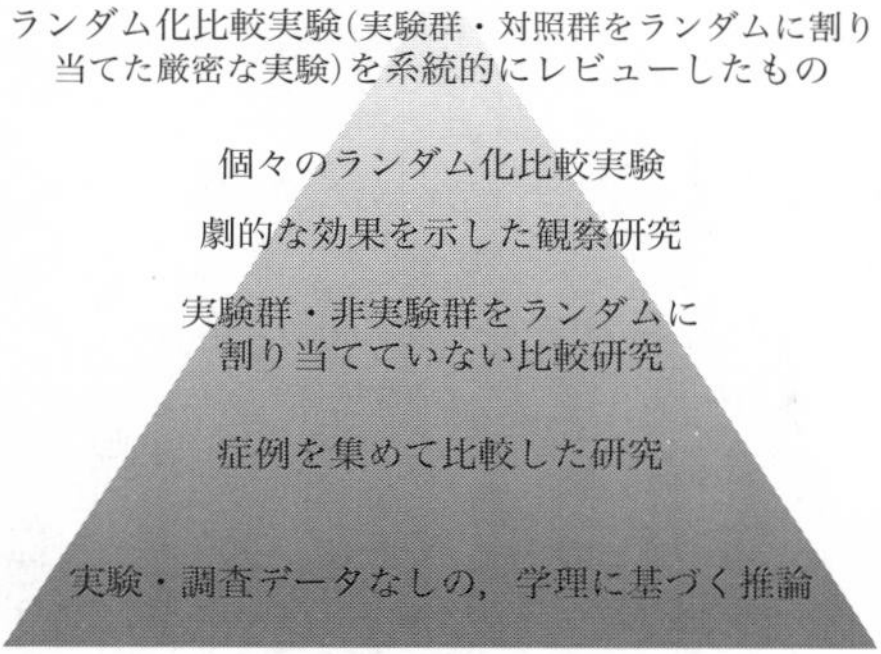


出所：オックスフォード大学 EBM センター「治療による好影響」のエビデンス階層（2011 年版）に基づいて筆者作成（一部意訳）.

**図 7-1　医療におけるエビデンス階層の例**

## 内的妥当性と外的妥当性

エビデンスの優劣を左右する最も原理的な基準は、内的妥当性と外的妥当性というものである（詳しい説明は、入門書が多数出ているので（例：中室牧子・津川友介『「原因と結果」の経済学』）、そちらを参照されたい）。

内的妥当性とは、「処置→アウトカム」という因果モデルにおいて、その因果がどれだけ信頼できるかである。あらゆるデータは、原理的に言えば、単に共変関係・相関関係（つまり「処置↑↓アウトカム」)を示しているに過ぎず、何の工夫もしなければ内的妥当性は低い。しかし実験デザインを工夫したり、適切な統計手法を使うことで、擬似相関のリスクが減り、因果推論の信頼性は向上し、内的妥当性が担保できる。

一方、外的妥当性とは、特定の集団から得られた結果を、母集団にも一般化できるかどうかである。外的妥当性を担保するためには、ランダムサンプリングや多くの研究の統合(メタアナリシス)が必要である。

内的妥当性・外的妥当性はいずれも、研究結果から政策への示唆を導くうえで非常に重要な条件だが、小学校英語の効果に関する研究でこれらを考慮しているものはほとんどない。次節で、これまで行われてきた研究を概観しながら、どのようにすれば小学校英語の効果が正しく検討できるのか考えたい。

## 2　小学校英語の効果、これまでの研究

### 政策エビデンスの質を左右する五つの基準

すでに見てきたとおり、早期英語・小学校英語の効果を検証した実証研究は一九八〇年代か

ら数多く行われてきた。これらをつぎの五つの観点から評価する。

Ⓐ内的妥当性があるか
Ⓑ外的妥当性があるか
Ⓒ適切な時期にアウトカムが測定されているか
Ⓓ施策の代理指標として用いられている変数は、検討対象の施策と適合しているか
Ⓔアウトカムとして測定されている変数は、政策目標と適合しているか

ⒶとⒷはすでに述べたので、以下、Ⓒ〜Ⓔについて説明しよう。

まず、Ⓒは、施策の目標が短期的効果なのか、中期あるいは長期的な効果なのかという論点である。たとえば、医療政策(公衆衛生)には短期的な施策というものがあり得る。特定感染症(麻疹など)が発生したとき、いかにその拡大を抑えるかがそれである。一方で、教育政策のほとんどは中長期的効果を目指しており、小学校英語政策はその最たるものである。一九九〇年代以降の一連の小学校英語政策には、児童の短期的成長を目標としているものは皆無である。むしろ、異文化理解や英語力向上をはじめとした日本社会全体の国際化を目標に掲げていた以

上、長期的効果を念頭に置いていたことは間違いない。よって、たとえば小学校卒業時にどれだけ英語力が向上したかを見る研究は、短期的効果を検討しているに過ぎず、政策的エビデンスとして低い評価にならざるを得ない。

つぎに、Ⓓについて。検討案をそのまま実験できればベストだが、それは倫理的にあるいは現実的に難しい場面が多々ある。たとえば一九八〇年代に、公立小に英語教育を導入するという実験はまず不可能であったし、現在でもあまりに挑戦的な教育実験は認められないだろう。その際は、代理指標を使うことになるが、その場合は、できる限り当初の関心である施策に近いものが理想的である。

小学校英語について言えば、検討中の小学校英語プログラムにできるだけ近いものを既存の施策から探してきて、その経験・非経験を原因変数として設定することになる。逆に言うと、私立小学校や私教育(英会話スクールなど)、あるいは就学前の早期英語教育経験は、代理指標としては不適当である。

最後にⒺについて。施策が達成目標として謳っているもの(あるいはそれに近い代理指標)をできるだけ包括的に検討すべきである。これは、医療における「治癒/非治癒」や「生存/死亡」のようにシンプルな達成目標ならば大きな問題にはならないが、教育政策ではしばしば重大な問題をはらむ。

これまでの検討で明らかなとおり、日本の小学校英語には多様な目的論が内包されており、英語力育成だけに限定して論じることはできない。第4章で示したとおり（図4-2）、主たる教育目標は、英語スキル育成、英語学習への肯定的態度育成、会話への積極性育成、異文化理解育成のように、少なくとも四つはある。日本の小学校英語を政策的に評価する際には、目標の多様性も考慮に入れなくてはならない。

**先行研究の格づけ**

以上の五つの基準に注目しながら、小学校英語の効果に関する研究を整理したい。先行研究は、エビデンスの質という観点から以下の四種類に分類できる。

第一が、『学習指導要領解説』や中教審答申で言及される文部科学省の大規模調査である。第6章で批判的に検討した「小学校外国語活動実施状況調査」がその典型である。この調査は、外国語活動を経験した子どもにその評価を尋ねたもので、回答者の多くが肯定的だったことが外国語活動の成果として大々的にアピールされた。同調査をはじめとして文科省が行う調査は、全数調査やランダムサンプリング調査が一般的で、外的妥当性（前述のⒷ）は担保されていることが多い。一方、この調査は、経験者のみしか対象としておらず、比較対象として「非経験群」（あるいはそれに類する比較対照群）を用意しておらず、内的妥当性Ⓐはほぼゼロである。

第二が、児童英語教育学の黎明期（一九八〇年代・九〇年代）の研究である。初期の研究に共通するのが、児童期に英語を学習したグループとしていないグループの英語力等を統計的に比較するというデザインである。経験群の英語力が非経験群よりも有意に高いことを示すことで、早期英語の有効性を主張しようとした（ただし、有効性が示された研究と示されなかった研究が混在しており、一貫した結果が得られていたとは言い難い）。

これらの研究のエビデンスの質は概して低い。先の五つの基準のうち、クリアしていると見なせるのはⒺのみである（それすらも怪しい場合もある）。その一方、内的妥当性Ⓐの考慮はほぼない。ほぼすべての研究が「経験／非経験」と「アウトカム」という二変数しか比較しておらず、擬似相関バイアスは排除されていない。また、Ⓑ調査対象は特定のグループに偏っており外的妥当性はほぼなく、Ⓒ長期効果を検討しているものもない。そして、時代的制約から仕方ない点ではあるが、Ⓓ施策との適合度も低い。すべての研究で私立小学校や私教育（塾など）での英語学習経験が用いられていたからである。

第三が、第二のタイプの後継、すなわち、二〇〇〇年代以降に行われた経験者・非経験者比

表 7-1　先行研究の政策的エビデンスの質

| | Ⓐ 内的妥当性 | Ⓑ 外的妥当性 | Ⓒ 長期効果 | Ⓓ 施策との適合 | Ⓔ 政策目標との適合 |
|---|---|---|---|---|---|
| 1. 文科省の大規模調査，実験校の調査 | × | ○／× | × | ○ | ○ |
| 2. 初期の研究(1980年代〜90年代) | × | × | × | × | ○／× |
| 3. 2000年代以降の相関的研究 | × | × | × | ○ | ○／× |
| 4. 大規模社会調査の二次分析 | ○／× | ○ | ○／× | ○／× | ○／× |
| 寺沢(2015) | ○ | ○ | ○ | × | × |
| 本章の分析 | ○ | ○ | × | ○ | ○ |

○：基準をクリアしている，×：クリアしていない，○／×：研究によって異なる．

較研究である。経験群・非経験群を比較するという点で第二のタイプと似たデザインだが、大きな相違がⒹの点である。というのも、二〇〇〇年代になって英語学習に取り組む公立小学校が増加したため、小学校英語経験を施策の変数(原因変数)として採用できるようになったからである。ただし、それ以外の問題点(Ⓐ、Ⓑ、Ⓒ)は依然解決できていない。

第四は、大規模社会調査の二次分析研究である。社会調査の多くはランダム抽出で回答者が選ばれていることが多く、前述の第二および第三の研究で大きな問題になっていた外的妥当性Ⓑをクリアできている点が最大の特徴である。

たとえば、筆者の二〇一五年の研究もこの種類のものである(『「日本人と英語」の社会学』第一三章)。日本全国に居住する二〇歳以上の成人男女からランダムサンプリングでとられたデータを使い、中学入学以前の英語学習経験が現時点の英語力に与える影響を調べた。ただし、Ⓐ内的妥当性、Ⓑ外的妥当性、Ⓒ長期効果の検討はできているが、Ⓓとⓔの基準はクリアできていない。早期英語経験一般の影響しか検討しておらず、また、英語力への効果しか検討していないからである。

以上の議論を表7-1に整理した。

この整理から明らかなように、先行研究には政策エビデンスとして完璧なものはない。しかし、すべての研究が同じレベルで問題があるわけではなく、個々のエビデンスの質には強弱がある。大雑把に言えば、表において「◯」の数が多いほどエビデンスとして良質であると言えるだろう。その意味で、最初期の早期英語効果の研究は——その歴史的先駆性は評価するにしても——エビデンスとしての価値はほとんどないと言える。

今後、小学校英語の効果を適切に検証する場合には、これら五つのチェックポイントをできるだけクリアする研究を行っていくことが必要である。

## 3　小学校で英語を学んだ子どもの英語力・態度は向上したのか？

先行研究はいずれも完璧な質のエビデンスを提示できていないと述べたが、ある程度のレベルならば研究デザインを工夫することで質を向上させることができる。

以下、筆者の二〇一八年の研究をもとにして、小学校英語の効果について検討しよう（「小学校英語に関する政策的エビデンス——子どもの英語力・態度は向上したのか？」『関東甲信越英語教育学会誌』第三二号）。

本研究は、先行研究の問題点を踏まえて、表7-1のチェックポイントをできるだけ多くクリアする研究をデザインし、小学校英語の効果を検討した。具体的には、つぎのとおりである。Ⓐ**内的妥当性の担保**：想定可能な共変量を統制する。Ⓑ**外的妥当性の担保**：無作為抽出による調査データを二次分析する（詳細は後述）。Ⓓ**施策との適合**：公立小学校における英語教育経験を対象とする。Ⓔ**政策目標との適合**：小学校英語の教育目標を、包括的にアウトカム変数として検証する。

なお、使用データの制約上、Ⓒの長期効果は考慮できなかった。後述のとおり、本研究では中学二年時点まで持続した効果を見ているに過ぎない。その点で本研究にも問題はあるが、既存の研究よりは多くの条件をクリアしているものとして読んでほしい。

## 調査データ・分析方法

本研究は既存のデータの二次分析である。データは、ベネッセ教育総合研究所「第一回 中学校英語に関する基本調査(生徒調査)」である。本調査は、二〇〇九年一月・二月に、公立中学校二年生約三〇〇〇人を対象に実施された。

同調査では、回答者に小学校英語の経験を尋ねており、これを原因変数として利用する。また、英語力、異文化理解への態度、および英語学習への肯定的態度に関する設問もあり、これらをアウトカム変数として利用する。そして、前者が後者に影響を与える因果モデルを設定し、それぞれの影響力を推定する。また、内的妥当性を担保するために、原因変数・アウトカム変数に同時に影響を与えると想定される基本属性・社会経済的地位に関わる六変数を共変量として統制する。

## 小学校英語の経験・非経験(原因変数)

小学校英語経験は重要な変数なので少し詳しく説明しよう。質問紙では、まず小学校で英語を学んだか否かを尋ね、学んだと答えた回答者にさらに詳細を尋ねている。この設問から、経験の有無と総経験時間という二種類の原因変数が手に入る。後者の効果をモデル1で、前者をモデル2で別々に検討する。

ここで、「小学校英語経験」の意味するところについて注記しておきたい。本分析で採用する定義は、使用する調査に依存する。つまり、調査時点(二〇〇九年一月・二月)で中学校二年生だった回答者の経験し得るもの、すなわち、「二〇〇一年四月から二〇〇七年三月までの間に公立小学校で行われていた広義の英語学習の総称」と定義される。以上の定義を採用する以上、国際理解教育の一環としての外国語会話等は当然含まれ、また、特区や研究開発学校での英語活動や英語科など多様なプログラムが含まれる。

なお、経験者群の総接触時間の平均値は七〇・八時間(六年間分)だった。また、最大値である「二一〇時間」に当てはまる回答者も一〇〇人以上いた。このことから、本サンプルには、年間数時間程度の活動しか経験しなかった子どもだけでなく、ある程度の量のインプットを受け取った子どもも含まれていると言える。

**結果**

結果を抜粋して図示したものが図7-2である。簡単に言えば、直線の矢印(パス)が効果を表しており、その脇にある数値が効果の大きさである(また、太い線は統計的に有意な効果を意味する)。

モデル1を見ると、小学校英語の経験時間にはいずれにも有意な効果がない。つまり、小学校英語を経験すればするほど英語力や情意面が発達するという傾向は見出せない。一方、モデル2では、英語力、そして英語学習への肯定的態度に微弱ながら有意な効果が見られる(ただし、異文化理解についてはやはり見られない)。

## 微弱な効果

以上は、有意な効果があったか否かの話だった。一方、それと同じかそれ以上に重要なのが、どれだけ大きな効果があったかという「程度の話」(専門的には効果量と呼ばれる)である。

結論から言うと、図7-2の効果は(有意であるか否かにかかわらず)すべて微弱なものである。たとえば、この中で最大の効果は$\beta$=〇・〇六(標準化係数)だが、一般的に言って〇・一〇未満の効果を大きな効果と評価する状況はまずない。

具体的に議論するために、非標準化係数(図7-2のb=…の数値)に注目しよう。モデル1の英語力への非標準化係数は、b=〇・〇五である。この意味するところは、小学校英語への接触が一単位時間(ここでは一〇〇時間)増えると、英語力スコア(平均〇、分散一)が〇・〇五増加す

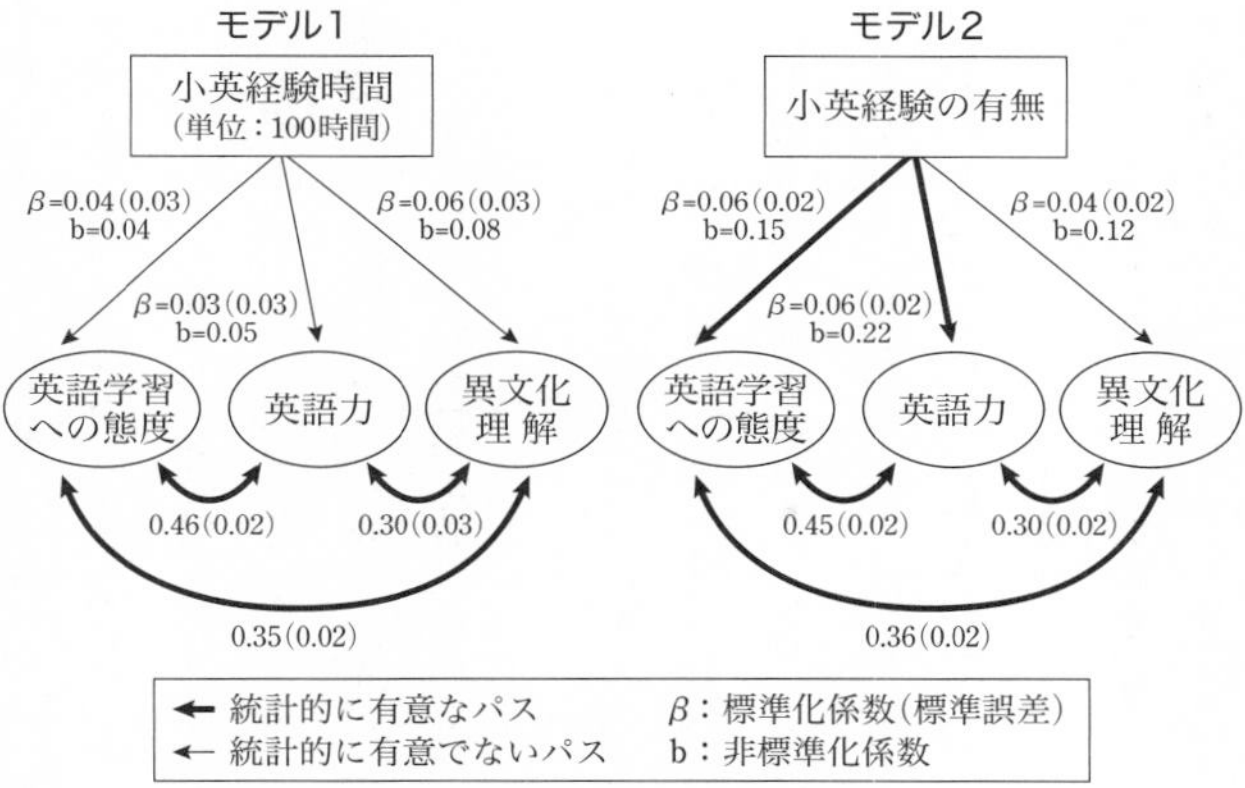


直線の矢印は因果効果を，曲線の双方向矢印は相関関係を示す．

- 原因変数(小学校英語の経験)．
  1. 総経験時間：連続尺度．経験年数×コマ数×0.75時間で計算し，経験なし群には0.00を代入(平均＝61.47，標準偏差＝61.51)．
  2. 経験の有無：二値尺度．設問をそのまま利用(内訳：経験者91.97%，非経験者8.03%)．
- 図中3つのアウトカム変数は潜在変数である．アウトカム変数を測定する観測変数(全て4件法あるいは5件法．自己報告)は以下のとおり．
  - ○英語力(計3設問)：現在の英語の成績．英語が得意かどうか．英語の授業の理解度．
  - ○異文化理解(計8設問)：外国に行きたい．外国の人に道を聞かれたら答えるようにしたい．英語を使って外国の人と話してみたい．外国の人と友だちになりたい．自分の家に，外国の人のホームステイを受け入れることに抵抗がない．外国の文化(生活や食べ物など)に興味がある．英語以外の外国語に興味がある．外国，異文化に興味がもてない(逆転項目)．
  - ○英語学習への肯定的態度(計5設問)：英語で話すことが好き．聞くことが好き．書くことが好き．文章や本を読むことが好き．英語そのものが嫌い(逆転項目)．
- 統制変数：計6個(すべて2値変数)．
  - ○就学前の英語学習経験．家族に英語を話せる人がいる．海外旅行やホームステイ(留学なども含む)に行ったことがある．外国居住経験の有無．大都市居住か否か．ジェンダー(女性か否か)．
- 分析法：共分散構造分析．
- 欠損値はリストワイズ除去し，最終的に，それぞれ1650人・2724人のデータを利用．
- 適合度指標　モデル1：RMSEA＝0.068，CFI＝0.898．モデル2：RMSEA＝0.071，CFI＝0.886．

**図7-2　小学校英語経験の効果**

るということである。つまり、一〇〇時間経験するごとに偏差値換算で約〇・五だけ英語力がアップする。常識的に考えても、決して劇的な効果とは言えないだろう。効果の微弱さは、他の二つのアウトカム変数でも同様である。

モデル2の場合はどうだろうか。小学校英語を経験した人は、しなかった人と比較して、英語力スコアが〇・一二、異文化理解スコアが〇・一二、英語学習への態度スコアが〇・一五高いことを示している（偏差値換算でそれぞれ二・二、一・二、一・五）。やはり、これも大きな効果ではない。

ただし、偏差値換算で一〜二の上昇は、「無視できるほど小さい」と一概に否定できるものではない。施策に要するコスト次第では有効性と見なせるからである。たとえば、一〇〇〇円程度の小冊子（副読本やドリルブックなど）を配るだけの、財政的にも教員負担の面でもコストが小さい施策で、偏差値一〜二の上昇があったとすれば、それは画期的な施策である。

しかしながら、小学校英語導入のコストはこの対極にあると言える。本書で再三強調してきたように、小学校英語を施行するには教員の再研修、教員の配置、教材・カリキュラムの整備などに莫大なコストを要する（9章で論じる）。これだけのコストに対して、偏差値にして一〜二ポイントほどの上昇を小学校英語の有効性と主張するのは、非常に難しいだろう。

しかもこの効果は、中二の冬時点のものである点に留意すべきである。つまり、中学校入学時点に存在していたと考えられる小学校英語経験者の大きなアドバンテージは、約二年弱で偏差値一～二程度に縮んだと解釈できる。この差が、学年が進行するにつれて再び拡大すると考えられる積極的な証拠はない。むしろ、多くの先行研究が示唆するとおり、長期的には縮小していくと考えるほうが自然である。

## 早期化に対する反証

また、以上の結果は、早期化の有効性にも疑問を投げかけている。有意な効果があったのは、小学校英語の経験の有無であり、経験時間ではなかったからである。言い換えれば、接触量が増えても効果が直線的に上がらなかったということである。

この結果は、二〇二〇年からの外国語活動早期化に対する反証となり得る。第６章で論じたとおり、文科省は、小三への開始時期の引き下げについて肯定的なエビデンスをまったく示していないが、ここではむしろその有効性を否定するエビデンスを示したことになる。三・四年生への英語活動低学年化に大きなコストが伴うことを考慮すれば、ますます、その有効性を疑問視せざるを得ない。

## 4　根拠に基づいた議論を

単に学習開始年齢を早くしただけでは効果が望めない。この事実は、国内外の研究者の間では周知のものだが、筆者の研究によっても確かめられた形である。

本研究は、小学校英語の有効性を全否定するものではない。対象集団やカリキュラム次第で有効性を発揮することは当然あり得る。また、効果が発揮されなかった原因を特定し、それをひとつひとつ潰していくことでより良い成果が出る可能性もある。

しかしながら、本章の分析は、外的妥当性を重視し、できる限り政策課題にフィットした集団を前提にしている点、そして、だからこそ分析結果が平均的な効果を示したものである点は、正しく考慮されるべきだろう。つまり、少なくとも、二〇〇〇年代に行われていた小学校英語一般には概して有効性が認められないという事実である。

どのような小学校英語プログラムであれば有効性が見出せるのか(あるいは見出せないのか)は、今後、研究者を含めた行政関係者・教育研究者がエビデンスに基づいて明らかにしていく必要があり、その出発点として本章の結果は理解されるべきであろう。

そして、そのための大前提として、そもそも政府（官邸・文科省）が、実証研究を尊重する回路を備えなければならない。これまでの政策決定はあまりに実証研究の知見をないがしろにしてきた。少なくとも、政策会議でしばしば見られる委員の個人的体験談などよりも、研究成果により高い優先順位をつけるべきであることは間違いない。

# 第8章　グローバル化と小学校英語

前章では小学校英語の効果が微弱に過ぎないことを示したが、微弱でもなんらかの効果があるのは良いことだと考える読者もいるかもしれない。本章と次章では、効果の有無以外の観点から、小学校英語をとりまく社会的条件・問題点を考えてみよう。本章では、小学校英語推進の最大の根拠である「グローバル化への対応」という主張を検討する。

## 1　「グローバル化だから小学校英語」でよいのか

### グローバル化という呪文

小学校英語の推進論は、グローバル化(ないしは国際化)に対する危機意識に駆動されてきた。総合学習の英語活動であれ、外国語活動であれ、近年の教科化・早期化であれ、どの場合でも、グローバル化に対応するためという名目で改革が行われた。しかも、この根拠は、あらゆるタイプの会議体で使われている。中教審、官邸付きの政策会議(教育再生実行会議など)、財界の提言、さらには学会のアピールでも、グローバル化という呪文は重宝されている。

ここで「呪文」と表現したのは、この語はしきりに連呼されるわりにその意味するところは驚くほど説明されないからである。当然ながら、グローバル化は決して単純な現象ではない。事実、世界中の研究者たちが、そもそもグローバル化とは何なのか、日夜頭をひねっている。しかし日本の英語教育言説では、定義などしなくても差し支えないと考えられているのではないかと思うほど、自明な言葉として使われている。たとえ意味がわからなくても、唱えれば改革の根拠になると信じられているのが「グローバル化への対応のために」という言葉であり、その点でまさしく呪文である。

## 英語使用は増えているのか

とはいえ、小学校英語推進論における「グローバル化」には暗黙の定義があり、それは実はごくシンプルである。それは、グローバル化＝英語使用ニーズの増加である。

もっとも、多文化化・多言語化という意味で使う小学校英語推進者もいる。「グローバル化で日本に移民が大勢やってくる。すると、多文化共生が必須となる。だから異文化理解を育む

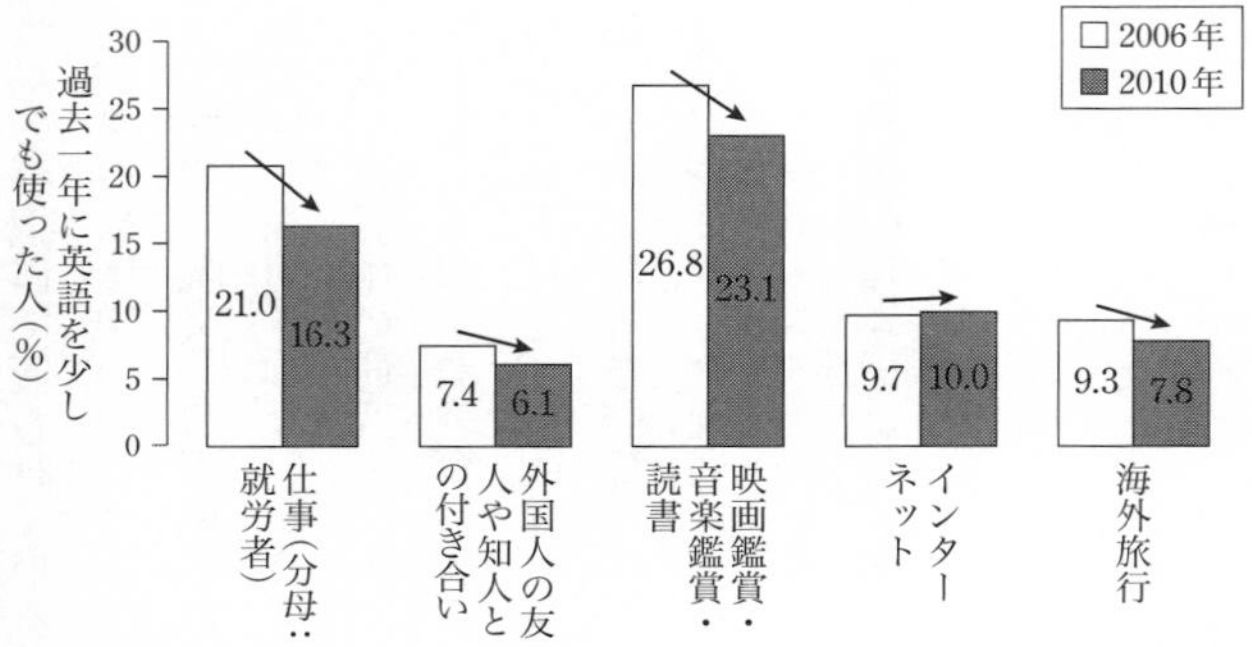


出所：『「日本人と英語」の社会学』第9章.
データの出所：日本版総合的社会調査，各年版.

**図8-1**　英語使用率の変化，2006〜2010

ために、小学校英語が必要だ」という捻《ねじ》れた主張をする人もいないことはないが、本意ではないだろう。なぜなら、多文化共生が本当に目的ならば、「異文化学習」のような科目の必修化を推進するはずだからである。結局、ほとんどの英語教育論において、グローバル化とは英語化の別名である。

では、英語使用の増加は事実なのか。そう信じている人が多いからこそ「呪文」たり得るわけだが、実際には事実とは言いがたい。

筆者は以前、無作為抽出調査に基づいて、日本国内の英語使用者数の変化を検討したことがある。それによると、二〇〇〇年代後半には英語使用者が明らかに減少しているのである(図8-1)。

図のほとんどの項目で右下がりになっている。つまり、二〇〇〇年代後半、英語使用は減っているか、少なくとも増えていなかった（反対に、「まったく使ったことがない」は五五・六％→六〇・八％と、明らかに増えている）。特に「仕事」では五％近く減っている。この結果は、多くの人の実感に反するものだろう。当時もすでに「これからの時代、英語はますます必要になる！」と散々言われていたからである。たとえば、グローバル化への対応という理由から、楽天が社内公用語を英語にすると発表したのが二〇一〇年二月である。

もっとも、図８‐１の数字はあくまで日本人全体を見たものに過ぎない。したがって、特定の産業、具体的には国際的な取引に携わっている産業であれば増加していたのではないかと考えるのは一応理にかなっている。しかし実際のデータを見ると、この推測も正しくない。産業別の集計をした図８‐２を見ると、ほぼすべての産業で英語使用が減っているからである。

**英語使用減少の理由**

英語使用の減少の原因は、二〇〇八年から二〇〇九年にかけて世界中で猛威を振るったグローバル金融危機（いわゆる「リーマンショック」）と考えられる。つまり、経済が停滞することで国境を越えた取引や人の移動が減った結果、日本国内での英語使用ニーズが減少したのである。

日本も金融危機により大きな被害を受けたことは記憶に新しいが、今一度具体的なデータを

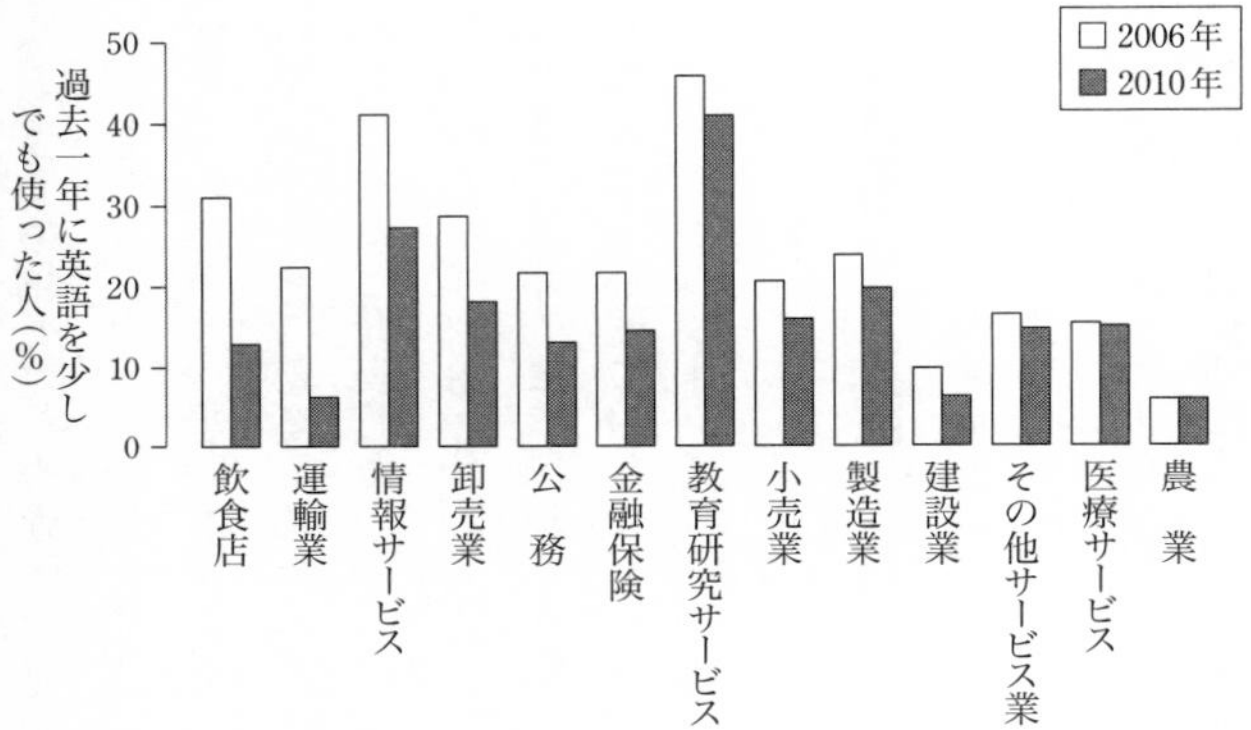


出所：『「日本人と英語」の社会学』第9章.

**図8-2　産業別の英語使用率の変化，2006〜2010**

確認してみよう。日本の経済成長率は二〇〇八年には前年比マイナス一・一%、二〇〇九年には同マイナス五・四%と、大きく低迷した(世界銀行の推計)。世界不況の影響が顕著に表れたのが貿易額である。日本の輸出入額は、二〇〇八年の一六〇兆円から二〇〇九年の一〇六兆円へ、一年で実に三〇%以上も減少した。また、日本に訪れる外国人の数も大幅に減った。法務省出入国統計によれば、二〇〇八年の九一〇万人が二〇〇九年には七五八万人と、実に一七%も減ったのである。

こうした状況が英語使用にとりわけ大きく影響したと考えられるのが、飲食店産業と運輸業である。図8-2を再度見てほしい。どちらの産業でも英語使用率が二〇〇六年、二〇一〇年の間で大きく減少したが(それぞれ一八・二%、一六・二%減)、その背景として、外国人旅行客との接触の減少および国際取引の減少が考えられる（この統計の運輸業には旅客輸送と貨物輸送の両方が含まれる）。要するに、外国人との接触・取引が頻繁な産業ほど、英語使用率が減少したということになる。

反対に、英語使用に世界的不況の影響がまったく見られなかったのが、典型的な国内需要対応型の産業である農業と医療サービス業である。取引が国内、特に日本語話者に限定されているため、貿易が減ろうが外国人が減ろうが大した影響がなかったのである。

英語使用はグローバル化に敏感に反応する現象であることは間違いない。だからこそ、金融危機のようなグローバルな変化にも容易に影響され、結果、英語使用ニーズの減少すら引き起こされるのである。

## 2　英語ニーズのこれから

### 短期的な予測

二〇〇〇年代後半の状況についてはわかったが、では、現在および今後はどうだろうか。残念ながら、二〇一〇年以降には日本人の英語使用について信頼に足る調査は行われていないため、さまざまな傍証を見ながら総合的に予測するしかない。とはいえ、たとえば「人口減少社会だから」とか「グローバル化で地球はますます小さくなっているから」などといった抽象論はほとんど参考にならないだろう。他方、英語使用ニーズを左右し得ると考えられる社会現象に関するデータならば、よりマシな予測は可能である。その有用な統計の代表例が、前節でも論じた訪日外国人数と貿易状況である。

## 訪日外国人の動向

まず訪日外国人の状況を確認したい。日本政府観光局によると、訪日外国人は二〇一八年に約三一二〇万人だった。リーマンショック後の二〇〇九年では約六八〇万人、リーマンショック前の二〇〇七年でも約八三〇万人だったので、過去一〇年で四倍にもなっている(肌感覚として急増を現に実感している人も多いだろう)。この事実を前提にすれば、二〇一〇年代およびそれ以降の英語使用ニーズは、二〇〇〇年代よりも高くなっていくことは想像に難くない。

ただし、英語使用ニーズも過去一〇年で四倍になったとは単純に考えられない。なぜなら、近年の訪日外国人の九割以上は非英語圏の出身者だからである。二〇一八年の訪日外国人三一二〇万人のうち、英語圏五カ国(米・英・加・豪・ニュージーランド)の出身者は一割に満たない

(二八〇万人)。一方で圧倒的に多いのが、東アジア出身者である(中国八四〇万人、韓国七五〇万人、台湾四八〇万人)。したがって、外国人が増えた分だけ英語使用が増えるわけではないのである。そもそも団体旅行の場合、バイリンガルのガイドが間に入るため、訪日外国人との直接的な接触が増えるわけではない。

**貿易の動向**

訪日外国人急増と対照的なのが、貿易の動向である。財務省貿易統計によれば、二〇一三年には貿易不況からようやく立ち直り、輸出入総額は一五〇兆円を再び超え、リーマンショック直前の水準に戻った。しかし、その後の拡大は見られず、むしろ二〇一三年以降は横ばいか微増と表現したほうが正確である(実質貿易額を見ても同様)。こうした点から考えると、英語使用ニーズのうち、海外との取引に関係したものは大して増加していないことが推測できる。

以上、訪日外国人の急増や貿易不況からの立ち直りを踏まえると、近年および今後は英語使用機会がある程度増えていくだろうことは予想できる。この程度の漸増を「グローバル化に乗り遅れてはいけない」などとセンセーショナルに形容するのは明らかに行き過ぎだが、ある程度の英語使用ニーズが存在することもまた事実である。両極端な未来像に基づくことなく——

たとえば、「英語なしでは生きていけない！」でも「英語など不要！」でもなく――以上のような微妙な現実を出発点にして議論が行われるべきである。

### 中長期的な見通し

一方、ニーズの推移を中長期的に見通すのはかなり難しい。二〇三〇年・二〇四〇年の世界情勢に関する確実性の高い予測はなく、五〇年・一〇〇年規模の長期予測はもはや占いの類である。

したがって、グローバル化は今後も絶え間なく進んでいくはずだという楽観的予測は――現にこうした楽観は一九九〇年代・二〇〇〇年代に浸透していたものだが――まったく当てにならないだろうし、二〇一〇年代の脱グローバリズムの動きを考慮するならなおさらである。たとえば、日本国内の国際イベント（東京オリンピックや大阪万博）にしても、グローバルな社会変動の前では局所的かつ一過性のものに過ぎず、その影響力を過大視するのは考えものである。

国際共通語としての英語の地位も、中長期的に見ると未知数である。言語学者の永井忠孝は、英語使用者に関する統計、就職活動で重視される能力、他言語（特にスペイン語と中国語）の台頭、そして、機械翻訳の発展などさまざまな根拠を挙げながら、英語が今後、国際共通語としての存在感を失っていく可能性を指摘している。

たしかに、多くのグローバル化理論の研究者(たとえばマンフレッド・スティーガー、ダニ・ロドリック、デイヴィッド・ヘルド)が指摘するように、グローバル化は同質化だけではなく多様化・ローカル化・反グローバル化も同時に生み出す複雑なプロセスである。そうである以上、同質化＝英語一極集中という未来像に疑義が提示されるのは無理もない。

ただし、ある程度の見通しがつくのが、日本の内需——つまり、経済・人口の絶対的な規模——である。周知のとおり、日本は巨大な経済力および人口をもつ。人口減少およびそれに伴う内需の縮小が近い将来確実に起きるが、その絶対的規模は依然として非常に大きい。輸出産業の存在感のせいなのか日本を貿易依存度が高い国だと誤解している人も多いが、実は世界的に見るとかなり小さい(グローバルノートの二〇一八年集計によれば、世界二〇七の国・地域のうち、日本の貿易依存度は一八四位である)。

この内需とはつまり日本に住んでいる人々≒日本語話者の需要であり、その取引は日本語で行われる。このような社会構造で、就労者一人ひとりが内需にも外需にも等しく対応することは考えられない。むしろ、国内向けの業務に従事する人と国際的な業務に従事する人の間で分業がなされるのが普通である。

これはどれほどグローバル化が進んだとしても同じことである。日本国内には日本語でしかサービスを受けられない人（あるいは、日本語でサービスを受けるのを望む人）が膨大な規模で存在する以上、日本語による仕事が短期間で減少することはあり得ない。たとえば、前述の農業や医療サービス業のような国内需要への対応を主とする産業は、当分の間、英語化の波とは無縁である。

要するに、日本のように人口が多い国では、いくらグローバル化しようとも、それが英語化という形で国内に押し寄せてくるわけではない。言うなれば、分厚い日本語話者層がグローバル化からの防御壁として働くのである。この点が、ヨーロッパの小国のような人口規模の小さい国と大きく異なる部分である。

### 現状認識と対応策のミスマッチ

小学校英語の政策論議では、短期的な観点と中長期的な観点がきちんと区別されないことが多々ある。

英語教育改革をめぐる政策会議・審議会の議事録や報告書を見ると、「世界に取り残される」「ガラパゴスの英語教育では生き残れない」「グローバル化への対応を！」といった扇情的な言葉が散見されるが、これらはいずれも短期的な危機意識である。すなわち、今まさに進行しているグローバル化に日本は乗り遅れている。その結果、日本企業のパフォーマンスや、日本の国家としての存在感は低迷している。この状況を、可及的速やかに打開するために、グローバル人材を養成しなければならない。こういった主張である。

こうした危機意識の少なくとも一部は、近年の英語言説によって過度に増幅されたもの――強迫観念の一種――であろう。ただ、それは別にしても、前述した国内外で現在生じているさまざまな変化に柔軟に対応すべきことは論をまたない。その選択肢のひとつとして、然るべき人々の――たとえば、グローバルビジネス・外交などの前線に立つ人々の――語学力を高めることは、短期的な対応策として意味があることだろう。

一方で、小学校への英語教育の導入は、明らかに中長期的な対応策である。仮に、明日から小学校で徹底的に英語を教え始めたとしても、児童たちが「グローバル人材」なるものとして世界で「戦い」始めるのはどんなに早くても十数年先である。つまり、危機意識と対応策が完全にちぐはぐなのである。

## グローバル化への対応にとって小学校英語の優先順位は？

一般論として言うなら、常に何らかの改革がなされるべきであることは間違いない。教育におけるさまざまな課題には適切な改善策が講じられるべきであり、その選択肢のひとつに小学校英語が提案されてもよい――もし他に優先度の高い施策がないのであれば。

しかしながら、現状を見るに、小学校英語が他よりも優先されるべきことを示すデータは何もない。グローバル化はたしかに一部の人々には大きな懸案事項だろうが、それはまずは短期的・局所的に解決するべき問題である。小学校英語のように、影響が広範囲に及ぶわりに即効性が乏しい施策を選択するのはかなりの悪手である。

小学校英語よりもはるかにコストパフォーマンスが良いのが（誰がそのコストを負担するかという点を別にすれば）、グローバルビジネスや国際交渉の前線に立つ人の英語力を向上させる施策である。一種の企業内教育・職業訓練である。

企業内教育に比べると学校教育（中学・高校・大学）での枠組みはコストパフォーマンスが良くない。必要性が定かではない学習者や動機づけが弱い学習者も含まれるからである。

しかし、だとしても、中学・高校・大学の教育制度には、長年にわたる英語教育の蓄積がある。つまり、既存の制度的・人的・知識的リソースを利用することで、現場に負荷をかけずに改革が実行できる。対照的に、今までの蓄積がほぼゼロの状況から新たに制度的・人的・知識的なインフラを作る必要があったのが一連の小学校英語政策である。その点で、コストと効能のバランスが最も悪いのが小学校における英語教育改革である。

もっとも、そうするだけの根拠があるのなら、コストを覚悟のうえで改革に取り組むことになる。しかし、実際には、前章までで見たとおり、大々的な効能はまったく期待できないし、他にどんなメリットがあるのかもよくわからない。むしろ、「グローバル化に乗り遅れるな」「早くから始めたほうが効果的である(ような気がする)」「アジアはもうどこもやっていて日本だけが時代遅れ」などという非本質的かつ感情的な根拠で、改革が後押しされてきたに過ぎないと言えよう。

# 第9章　教員の負担とさまざまな制約

小学校英語は熟議なしで拙速に決定されたものであり(6章)、そもそも劇的な効果は望めない(7章)。また、グローバル化に対応するために小学校から英語を導入すべしという根拠も不明である(8章)。こう見ると小学校英語改革は多くの問題を含んでいることがわかるが、その中でも筆者が最大の問題だと考えるのが、教員負担に関する問題と、それと密接に関わる行財政的条件である。本章では本書の締めくくりとして、この問題を詳しく検討したい。

## 1　誰が教えるのか

### 学級担任の負担

すでに見てきたとおり、日本の小学校英語は学級担任が中心に指導にあたることを前提としてきた。総合学習の一環だった第Ⅲ期、外国語活動の第Ⅳ期だけでなく、教科としての英語がスタートする第Ⅴ期も、学級担任主導は継続する。逆に言えば、専科の英語教員を配置せず「現有勢力」で乗り切るのがこの改革である。こうした位置づけが、教育条件をめぐるさまざまな懸念――たとえば、担任の英語指導力に関わる問題、教員負担の問題――に直結した。

そもそもなぜ学級担任が主たる指導者とされたのか。第4章で見たとおり、公式的には、児童の日頃の様子をよくわかっており、他教科と関連づけながら教えられるのが学級担任だからというものである。一方、明文化こそされていないものの、行財政的に見て学級担任が教える以外に選択肢がないという「本音の理由」も存在したはずである。つまり、英語指導を専門に行う教員のポストを確保し、全国の約二万の公立小学校に配置することは制度的・財政的に難しく、苦肉の策として学級担任に白羽の矢が立ったと考えられる。

本音が何であれ、学級担任主導で制度が難なく回るのであれば話は単純なのだが、実際には、大きな問題が横たわっている。第一に、研修をめぐる問題であり、第二に多忙化の問題である。

## 研修の有効性は？

小学校教員の多くは英語を教えたこともなければ、教職課程で指導法を学んでもいない（小学校教員養成課程において英語指導に関する科目の修得が義務づけられるようになったのは、二〇一九年度以降のことである)。このような経験の浅い教員にも英語指導を担当させる以上、相応のコストは不可避である。具体的には、国・自治体が教員に研修を提供する際に必要な費用、教員が自己研修に割く費用・時間、そして授業準備にかける時間(新しい指導内容であれば授業準備に多くの時間が必要)である。しかしながら、こうしたコストが財政的に解決されているわけではない。それゆえ、実効性の疑わしい研修が導入されたり、現場の教員に過剰な負担が求められたりしている。

第一に、研修への財政的・制度的バックアップは乏しい。英語指導に関しては、まるで「伝言ゲーム」のような特異な研修が行われているに過ぎない。それはつぎのようなものである。まず各都道府県等が推薦した計数百人程度のリーダー教員を中央に集めて指導する。つぎに、リーダー教員は地域に戻り、各小学校の中核教員に研修を施す。さらに、中核教員は小学校に戻り、同僚教員に校内研修を行う。

文科省からすれば、コストが抑えられる妙案だろうが、このような伝言ゲームで研修効果があるのかは甚だ疑問である。また、個々の教員は通常業務から一時離れて研修に参加できるわけではなく、研修は既存の業務への上乗せである。

研修機会が不十分であることは、調査結果にも表れている。国立教育政策研究所が二〇一五年に研究開発学校・教育課程特例校の教員を対象に行った調査（「小学校外国語教育に関する実態調査」）によれば、英語指導をしている教員のうち、前年度に英語に関わる校内研修に参加した人が五五％、校外研修に参加した人が四一％であった一方、残りのそれぞれ四五％、五九％の教員は一度も参加していない。校内および校外研修の経験者の中で多数派を占めるのが「一回だけ参加」の教員で、それぞれ二六％、二〇％である。逆に「四、五回」かそれ以上参加した教員は校内・校外問わず一割未満である。この結果は、研究開発学校・教育課程特例校という英語教育に関して比較的熱心であるはずの学校の教員ですら、十分に研修に参加できていない現実を伝えている。

### 自己研修・授業準備の時間がとれない多忙な状況

第二に、教員一人ひとりが新しい教育内容に対応するために捻出する自己研修・授業準備の時間も、既存の業務に上乗せである。

業務が増える分、人員を増員して一人あたりの業務時間を減らすという発想はなく、また、専科教員を増やすことで既存の教員の負担を減らすわけでもない（ただし、後述するように特別予算措置による専科教員の加配はある。とはいえ雀の涙程度であり、担任主導という基本方針は変わらない)。

要するに、小学校教員は既存の業務に加え、新たに英語指導への対応を迫られることになっている。学校教員の長時間労働が問題になっている中で、さらに現場に努力を強いる構図であるが、前述の「小学校外国語教育に関する実態調査」の結果を見る限り、十分に対応できている教員は多くはない。同調査では、研修参加以外の自主的な勉強・準備についても尋ねているが、英語指導担当教員のうち七四%が特に何もしていないと答えている。選択率(複数選択可)の最も高かった項目としては、「英語放送を聞いたり、外部試験を受験したりするなど、何らかの方法で自身の英語力向上を図っている」の一六%、そして「外国語活動や外国語科の指導等に関する書籍やWEBサイト等を読んでいる」の一三%である。いずれも高い数値ではない。

### 多忙化

小学校英語が長時間労働に拍車をかける恐れがあるという点は、すでに広く認識されている。この問題に最も敏感なのは、当然ながら、教員組合である。全日本教職員組合は、二〇一七年九月一四日に以下の緊急要求を発表した。

多くの小学校教員は、英語教員免許を取得しておらず、児童に十分な指導を行うことができないもとで、負担増を押し付けられることになってしまいます。／現在でも、三三・五％の小学校教員が過労死ライン月八〇時間を超える時間外勤務を強いられている中、さらなる長時間過密勤務を増大させるものです。／現在、多くの自治体では、改訂学習指導要領の先行実施及び完全実施にむけて準備がおこなわれています。しかし、必要な条件整備が行われていないもとで、「外国語関連の授業増加に対応するための策がないまま、現場に丸投げされていることに憤りを覚える」〔……〕などの声があがっています。

一方、文科省レベルでも教員の多忙化ははっきりと認識されている。その代表が働き方改革に関する一連の施策である。二〇一七年七月に中教審に「学校における働き方改革特別部会」が設置され、業務改善や運営体制の効率化について議論されてきた。審議の中でも、小学校英語への対応はたびたび話題にのぼっていた。

その成果のひとつが、英語専科教員の加配である。文科省は、持ちコマ数削減方策の一環として英語指導を専門に行う教員を一〇〇〇人増員することを二〇一八年度の予算案に盛り込んだ。二〇一九年度も同じく一〇〇〇人増の予算が盛り込まれた。ただ、約二万という全国の公立小学校数を前にすると、数千人程度の配置は圧倒的に足りないという印象はぬぐえない。

もっとも、抜本的な解決からはほど遠いものの、財布のひもを固く締める財務省からこれだけ勝ち取ったという点は特筆に値する。というのも、一年で一〇〇〇人増というのは、国の義務教育予算の中では破格の改善だからである。文科省はそれだけ小学校教員をめぐる労働環境の問題に危機感をもち、だからこそ財務省に強く出た(出ざるを得なかった)のだろう。

教員の多忙化は客観的な数値として表れている。二〇一六年度の文科省教員勤務実態調査によれば、二〇一六年における小学校教諭の一日あたり学内勤務時間は、一〇年前と比較して、四三分増えている(一〇時間三二分→一一時間一五分)。内訳を見ると、過去一〇年における増分の多くが授業時間増である(三時間五八分→四時間二五分)。平均二七分の増加なので、受けもつ授業(一コマ＝四五分)の数で考えるなら、三人に二人が一コマ増えた計算になる。

しかも、各教員の担当コマ数を見ると、週二六コマ以上担当している教員は四一%にのぼる。小学校の標準コマ数が週二五〜二八コマであることを考えると、この四一%の教員にはほとんど空き時間がなく、授業準備や成績管理の時間が放課後や正規の勤務時間外にずれ込んでいることがわかる。つまり、多忙化が進んだ大きな原因のひとつが、教員の本来的業務が増えたことである。逆に言えば、業務効率化の切り札としてもてはやされがちな学校のＩＴ化やアウトソーシングなどではそもそも対処ができないタイプの多忙化なのである。

まとめると、小学校教員の多忙化は近年特に悪化しているが、それは担当コマ・授業準備をはじめとした本来的業務の増加によるものであり、業務のスリム化や合理化で軽減できるものではない。にもかかわらず、小学校英語という新たな教育内容への対応を迫られるという厳しい状況にあるのである。

## 2　制度、予算の制約、世論のプレッシャー

以上の指導者をめぐる厳しい状況について、文科省・自治体も条件整備をバックアップするためのさまざまな取り組みを行っている。しかしながら、財政的困難もあり、抜本的な条件整備にはほど遠いと言わざるを得ない。

結局のところ、小学校英語をめぐるジレンマの元凶は(少なくともそのひとつは)、教育予算の不足だということは明らかだろう。もっとも、ほぼすべての関係者が「教育にお金をかけること」の重要性をよく理解している。特に、小学校英語賛成論者は、新施策を提案している以上当然ではあるが、教育予算の増額について声を大にしている。

たとえば第5章でも紹介したように、日本児童英語教育学会は二〇一二年に「小学校外国語活動の教科化への緊急提言」を発表し、その中で予算増額を要求している。

国家一〇〇年の計は教育にあり、教育に対する国家の姿勢は、GDPに対する教育予算の割合がひとつの指標である。二〇〇九年度の我が国の教育予算の対GDP比は三・六%であり、OECD加盟国の平均五・四%と比べ非常に低く、加盟国中、三年連続最下位である。〔……〕諸外国では、小学校に外国語専科教員の配置、小学校あるいは中学校段階から第二外国語の必修化、外国語授業のクラスサイズの縮小、といったことから明らかなように、外国語教育に多額の予算を投じている。〔……〕教育予算は、日本および日本の子どもたちの未来への「中・長期的な大切な投資」である。世界の国々からこれ以上遅れをとらぬよう、我が国の外国語教育推進のために十分な予算措置を講じるべきである。

抽象的な提案であり、具体的にどのような施策に予算を増額すべきだと述べているのかいまひとつわかりづらいが、財政措置により指導者をめぐる条件整備を前進させるべきだとしている点は間違いない。

しかし、ここで重要な問題は新たな財政措置の実現可能性である。新たな予算をつけることが、たとえば「容易ではないが不可能ではない」程度のことであれば提起する意義は十分にあるだろう。一方、現実的に不可能な提案であれば空念仏に成り果てる。また、極端な例だが、もし法的に不可能な提案ならば、それは完全に的外れの要求ということになる。

よって、この問題でまず考えなくてはならないのが、財政的・制度的制約の厳しさがどの程度なのかについてである。以下、小学校英語教育に関係する教育行財政の現状を検討しよう。

## 学級編制をめぐる制約

制約の第一は、学級編制をめぐる制度的条件である。周知のとおり、義務教育課程の公立学校には学級規模の標準が定められており、結果、小規模校を除けば、全国どこの学校でも教員・児童比はおおよそ同水準である（二〇〇一年の法改正により、都道府県が特に必要と判断するときには、より弾力的な学級編制が可能になったが、ここでは全国レベルに限定して論じる）。これは義務教育標準法という法律により、児童数に応じて教員数が決まるためである（厳密には、児童数と教職員定数をもとに学級数が算出され、そこから教職員数が導かれる）。

学級規模の縮小は、文部（科学）省が戦後初期から一貫して力を入れてきた目標である。しかしながら、教員の大幅な増員には法改正を伴うため、文科省の独自裁量で行うことはできない。その結果、他アクター(特に財務省や総務省)との攻防を余儀なくされる。教員増員に関して、文科省は必ずしも常にイニシアチブをとれるわけではないのである。

### 厳しい財政事情

第二に、財政制度上の制約も重要である。教員増員には人件費という形で莫大な支出が必要になる。厳しい財政状況の中で「財政健全化」を推し進める財務省は、容易に教員増を認めない。むしろ少子化を理由に大幅な削減を提案している。たとえば、二〇一五年の財務省財政制度等審議会は、少子化を根拠に、教職員数の削減を提案した(対して文科省は、近年の教育現場の複雑化・高度化を考慮していないと猛反発し、事実上の反対声明を出している)。

以上の一般的な財政条件に加え、二〇一〇年代の安倍政権下特有の制約も存在する。小川正人によれば、今後、財務省は初等中等教育への教育支出に対していっそう大きな抵抗を示す可能性があるという。というのも、安倍政権は消費増税(二〇一九年一〇月)における二%の税収増を幼児教育と高等教育の「無償化」に配分することに決めたが、この政策過程の中で財務省は相当の譲歩を強いられたからである。その結果、財務省はそれ以外の教育支出にいっそう厳しい姿勢で臨むと考えられる。「無償化」は保護者の財布に直接働きかけるアピール度の高い施策（有り体に言えば「人気取り」の施策）だが、その代償として、初等中等教育の教育環境の改善が停滞を余儀なくされ得ることを意味している。

## 教育予算増額を是認しない世論

そもそも教育財政の苦境は近年に特有の現象ではなく、構造的問題である。前述の日本児童英語教育学会の提言にもあったとおり、日本はＯＥＣＤ諸国の中でも教育への公的支出が際立って小さいが、中澤渉が論じているように、背後にはその状況を是認する世論がある。

中澤の国際比較データの分析によれば、日本の世論は、他国（先進国）と比べても、教育費を負担すべきなのは公的セクターではなく保護者であるという考え方が特に根強い。つまり、教育は税金ではなく私費で負担すべしという考え方である。これは、教育から利益を受けるのは本人であって社会全体の利益ではないのだから「受益者」が負担すべきであるという意識を反映したものだと言える（ただし、教育には外部効果があり、社会全体が利益を受け取る面も無視できない。したがって、「受益者」は中立的表現というより価値観を含んだ言葉である）。

つまり、小学校英語の指導者をめぐる財政的問題は、単に政府の不作為というだけでなく、それ以上に、日本社会に深く埋め込まれた構造的条件がそうさせている面がある。したがって、教育への公的支出の小ささについて声高に批判し、「日本の教育予算は国際的に見て最低レベル」などと国家威信に訴えかけたりしても、政府が「改心」して教育条件を良くするといったことはないだろう。

ちなみに、日本の教育への公的支出(対GDP比)がOECD諸国の中で最低レベルという事実はよく知られているが、これは全教育段階の総計の話であることに注意したい。*OECD Education at a Glance 2017* によれば、たしかに大学教育への公的支出は三三カ国中最下位であるが、一方で、高校、中学、小学校と学校段階が下がるにつれて順位が上に行く。小学校の場合、日本は第二〇位、数値はOECD平均と同水準で、誇れるほど高くはないが下位というわけでもない。つまり、小学校英語の条件整備の文脈で「教育予算を先進国並みに」と訴えるのは少々的を外しているのである。

国際比較の話のついでに言えば、小学校英語指導者の確保をめぐる財政問題は、日本だけでなく多くの国が頭を悩ませている問題である(Janet Enever, *Policy and politics in global primary English* など)。たとえば、日本の後れを強調する際に頻繁に引き合いに出される「小学校英語先進国」である韓国でも同種の問題がある。韓国の英語教育研究者であるカン(Kang, H. D.)の調査によ

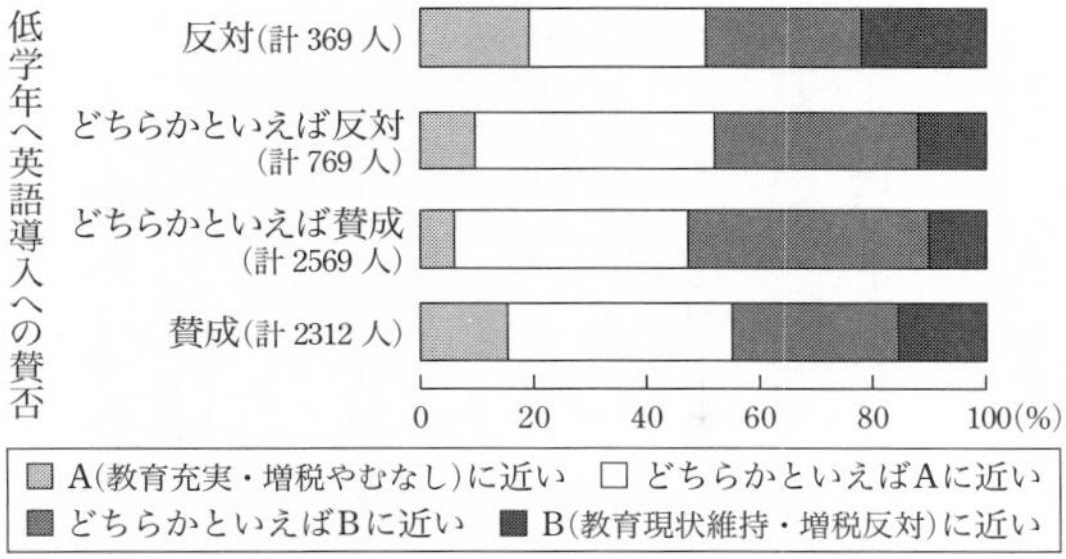


対象は，全国の公立の小学校2年生・5年生・中学2年生をもつ保護者.

教育予算増額への態度の設問：「次のようなAとBの2つの意見について，あなたの考えに近いのはどちらですか. A：学校教育を充実させるために税金が増えるのは仕方がない，B：学校教育は現状のままでよいので，税金は増やさないほうがよい」.

データの出所：「学校教育に対する保護者の意識調査(2012)」ベネッセ教育総合研究所・朝日新聞社.

**図 9-1　小学校英語および教育予算増額への態度**

れば、韓国でも小学校で英語の授業時数を増やしたが、教育省は教員増員のための予算確保ができず、そのため小学校教員の間で不満が渦巻いているという。

### 世論の楽観

そもそも、小学校英語を支持する世論が、教育財政をめぐるジレンマを適切に理解しているわけではないことは、議論の前提として押さえておくべきである。

図9-1は、第5章でも扱ったベネッセ教育総合研究所・朝日新聞社「学校教育に対する保護者の意識調査(二〇一二)」における、小学校低学年への英語導入の賛否と教育予算増額への賛否の関係を示

したものである。

小学校英語の置かれた厳しい状況について賛成者が理解しているならば、賛成であるほど教育予算の増額を支持し、それと引き換えであれば増税もやむを得ないと考える傾向が見られるはずだが、この結果からはそうした傾向はまったく見出せない(二つの変数(連続尺度と見なした場合)の相関係数は〇・〇三で、統計指標的にも無相関である)。

つまり、小学校英語を支持していたとしても、増税によって教育予算を増やすことまでは必ずしも望んでいないのである。この矛盾めいた結果は、小学校英語がもたらすコストへの見通しが甘過ぎるためか、さもなくば、賛成とは言っても大して強い賛意ではない(少なくとも増税してまで推進したいわけではない)かのどちらかだろう。いずれにせよ、小学校英語に対する要望が、コストに対する強い覚悟に必ずしも裏打ちされたものではないことがわかる。しかも、これは、小中学生を子どもにもつ保護者の意識調査の結果である。一般の人々に比べて教育費増額を支持しそうな保護者の調査ですらこうなのだから、小学校英語を支持する一般世論が教育費増額に対しいっそう厳しい立場をとるであろうことは想像に難くない。

## 3　外部人材活用という「第三の道」

### 外部人材への依存

専科教員の大規模な導入は不可能で、しかも、学級担任の研修時間もそれほど確保できないという苦境の中で見出された「第三の道」が、外部人材と呼ばれる英語指導補助者である。

要するに、ALTや英語に堪能な民間人に手伝ってもらえば、指導者不足をカバーできるという発想である。指導者不足は早くも一九九〇年代から懸念されており、外部人材の活用というアイディアもその頃からすでに提案されていた由緒ある(?)方策である。現に、小学校英語現場はすでに多くの外部人材に依存している。前述の「小学校外国語教育に関する実態調査」では、学級担任・専科教員以外に、どのような人が教室に補助に入っているか管理職に尋ねた設問がある。その結果が表9-1である。ほとんどの学校で何らかの補助者が教室に入っていることがわかる。特にALTに関しては九割にのぼる。

さらに同調査では、補助者が授業に関わる度合・役割についても尋ねている。それによると、補助者の参加が年間九〜一〇割程度と答えた、いわば「補助者を大前提にした学校」が全体の

**表 9-1　英語指導の補助者**

| 補助者のタイプ(複数選択可) | 割合 |
|---|---|
| 外国人指導助手(ALT など) | 90% |
| 有給の日本人スタッフ | 35% |
| 学級担任，専科指導教員以外の小学校教員 | 30% |
| 中学校や高等学校の英語担当教員 | 12% |
| 日本人ボランティア(無給の保護者や地域人材など) | 6% |
| 外国人ボランティア(無給の保護者や地域人材など) | 1% |
| その他 | 3% |
| なし | 2% |

設問：「貴校の外国語活動・外国語科の授業では，次の人も関わっていますか」.

出所：国立教育政策研究所「小学校外国語教育に関する実態調査」(教育課程特例校・研究開発学校への調査).

六〇％である。しかも、発音の手本を示したり教材の準備を手伝うだけではなく、授業進行のような重要な役割を任せることのある学校も七四％と多い(複数選択可での数値)。

これらのような外部人材に限らず、英語教育研究者や教育企業も含めて、外部の人々が現場に支援の手を差し伸べることは少なくない。こうした支援の輪は、当座の指導者不足をしのげる点で短期的には大きな意義があろうが、一方で、小学校英語をとりまく構造的問題を固定化してしまうという危険性もはらむ。

なぜなら、支援による成功事例が、教員を増員しなくてもうまくいくことの証拠にされてしまうからである。支援者は、当座の問題を解決するのが至上命令であり、そのために奮闘する。そして、一度成果が出れば、より継続的な支援ができるよう、その成功事例をアピールしがちである。一方、財務省は、教員数の「適正化」を名目に、無用な増員などせずとも成果が上がるような創意工夫を文科省・教育現場に要求している。外部人材の活用もそのひとつである。この点で、個々の支援者と財務省の利害は、奇妙にも一致してしまう。

　成功事例が、支援者の豊富な経験、高い能力、そして献身的な努力に依存していればいるほど、成果へのハードルが高くなるという皮肉な帰結もある。スタートラインが、普通の教員が普通の努力で達成される水準よりもはるかに高い位置に設定されてしまうからである。

　とはいえ、目の前で助けを求める人々から目を背けて「大局的」に物事を判断することは心情として難しい。支援を請われた外部の人々が教室に入らざるを得ないのは仕方ないことである。このように、外部人材の活用という「第三の道」はどのような方向性をとっても大きなジレンマに陥る危うさをはらんでいる。

## 空洞化する「担任が教えることこそが良い」論

　今一度、指導者をめぐる建前＝公式見解に戻ろう。本書第I部で見たとおり、児童の日頃の様子をよく知る学級担任こそが小学校英語の指導者にふさわしいというのは、総合学習での導入を模索していた一九九〇年代から常に文科省や中教審の公式見解であり、学界でも影響力をもった指導者観であった。それは二〇二〇年度からの教科化以降も継続する。ただし、近年の官邸主導の急激な改革(とりわけ教科化)や働き方改革の影響を受けて、そうした建前論はかなり後退し、着実に「専科教員が教えるべし」論に傾きつつある印象を受ける。

この点を象徴する事例が、つぎの三点である。

第一に、前述のとおり、二〇一八年度より、小規模ながら専科教員の加配が始まっている。

第二に、現状では、学級担任主導が依然多数派であるが、専科教員による指導が存在感を増している。文科省の二〇一八年度の「英語教育実施状況調査」によれば、学級担任主導で英語指導が行われているクラスは全体(小五・六のみ)の八〇%である一方、専科教員主体のクラスも一一%と、無視できない規模になっている(二〇一七年度は四%であり、一年で三倍近い急増である)。

第三に、教育現場ではむしろ専科教員を要望する声のほうが大きい。全国連合小学校長会が二〇一八年夏に全国の小学校に実施したアンケート調査(抽出調査)によれば、教科化に向けた教員配置として最も望ましいものとして、回答校の七一%が英語専科教員を選び、第二位の「学級担任とALT等とのティームティーチング」(二六%)を大きく引き離す(『内外教育』二〇一九年七月二日)。ちなみに、「担任だけで指導」という形態を推す声は一%にも満たない。

二〇〇〇年代、「学級担任が教えるからこそ良い」論を展開した英語教育学者は少なくなかった。小学校英語に関して英語教育の側面よりも小学校教育としての側面を重視し、だからこそ学級担任の指導能力(個々の児童への細やかなケア、柔軟な対応能力、学級マネジメント能力など)を英語力・英語指導力よりも上位に置くというのはひとつの見識であり、それなりに一貫性のある主張であった。そうした建前論が、専科教員重視の波の中でなし崩しになっていくのか――もっと率直に言えば、そもそもこの主張は指導者不足に対処するための口実に過ぎなかったのか――それとも今一度学級担任の意義を理論化できるのか、現場および学界での丁寧な論議が必要だろう。

## 「教員の負担が大きい」と「児童ファースト」の間《はざま》で

本章では、学級担任の負担を切り口にして、小学校英語の前に立ちはだかる行財政的制約を論じてきた。筆者の評価としては、この問題は他の論点(言語習得論や教材論など)と比べてもはるかに重要である。いわば小学校英語論の核心部分である。

しかしながら、教員負担・行財政的制約は、小学校英語教育界で十分に論じられてきたとは言い難い。というのも、既存の小学校英語論の大部分は、賛成派であれ反対派であれ、小学校英語の導入が児童の学び・成長にどう影響するかという狭い意味での学習者論にとどまっていたからである。反対に、小学校英語を、教員の権利や学校の労働環境の観点で論じる視点は弱かった。教育基本法「改正」であれ、歴史教科書問題であれ、国歌国旗をめぐる問題であれ、主要な教育論争では必ず「教師の立場」という論点が含まれていたのとは大きな違いである。

教員の働き方改革が問題視され始めた二〇一〇年代後半こそ、前述の全日本教職員組合の要求をはじめとして注目が集まってきたが、二〇〇〇年代の論争最盛期には極めて影が薄い論点であり、一九九〇年代には批判はほとんど存在しなかった。たしかに教員組合系の英語教育研究組織の一部には、以前からこの問題を根強く訴えてきた団体があるものの（たとえば新英語教育研究会）、全体として見れば少数派だった。

ただし、小学校英語批判の文脈で論点化こそされなかったものの、教員負担は常に認識されてきた問題である。たとえば、教員対象の意識調査において、この点は最頻出項目である。一例が、二〇〇〇年に日本児童英語教育学会関西支部のグループが近畿地方の市町村教育委員会を対象に行ったアンケート調査である。英語活動等をすでに実施している小学校で何が問題になっているか尋ねたところ、その筆頭が「担任には英語の教材研究や授業の準備に当てる時間的余裕がなく肉体的、精神的負担が大きい」であった（実施校二八三校中一二八校が指摘、四五％）。

前述の調査に限らず、教員の負担という問題点は一九九〇年代から現在まで常に頻繁に指摘されているが、一方で、小学校英語批判の論拠としてもち出されるのは近年になってからである。これは、教員がながらく「聖職者」としての側面を期待されてきたことと無関係ではない。「教師聖職者論」に基づけば、児童生徒の優先順位がいついかなるときも第一であり、いきおい、自身の労働者としての権利を声高に叫ぶことがはばかられた。

二〇一〇年代後半、働き方改革の流れもあり、ようやく無条件の奉職の問題性が周知され始め、「児童ファースト」のようなスローガンを相対化できる空気が広がりつつある。この結果、「教師の負担になる」という根拠での批判がしやすくなったと考えられる。

とはいえ、いまなお「権利ばかり主張して、子どもの学びを第一に考えない教師など論外である」といった主張は根強く、そればかりか脅迫的フレーズとして重宝すらされている。しかし、こうした緻密さを欠いた物言いこそ論外だろう。小学校英語はもはや、教師個人の心情論、狭い意味での指導論・教室論の領域を超えている。教育制度・政策全般という視点から考えていかなければならない以上、労働者としての教師の権利についても議論全体の一角にきちんと位置づける必要があるはずである。

# おわりに

## 小学校英語のジレンマ

本書では、日本の小学校英語が歴史的経緯・社会的制約によってどのように形づくられてきたかを論じた。ここで今一度、本書のタイトルに戻って、小学校英語がどのようなジレンマに直面しているかを振り返ってみよう。

小学校英語を含む日本の英語教育はしばしばその「中途半端さ」が批判されてきた。実際、国際的に見れば、開始年齢は遅く、授業時数も少ない。しかも「外国語活動」は、表向きは英語力育成を目指さない、国際理解教育にも似たプログラムである。しかし、これは、教育課程の設計上の制約、そして、教員配置に関わる制度的・財政的制約の結果であり、仕方ない面もある。

しかも、教育内容に「英語教育らしさ」が乏しいのは、小学校英語の原型が国際理解活動だったこと、そして、そもそも日本の中学・高校の英語科教育も国際理解を重視してきたこととも無縁ではない（拙著『「なんで英語やるの?」の戦後史』参照）。

別の批判として、英語ができない小学校教員が教えるのはおかしい、専科教員やネイティブスピーカーに教えさせるべきだというものもある。しかしこの批判は、厳しい財政事情（教員人件費）のもとで、学級担任に教えさせるしかなかったという事実と、そもそも公立小の英語活動・英会話活動は「学級担任による指導こそが理想的である」という建前でスタートしたという事実を見逃している。

また別の人は、そんな苦しい状況なのに、なぜ拙速に導入を決めるのかと批判するかもしれない。これについては、特に二〇二〇年からの急進的な教科化は、官邸主導によるものだった事実を押さえない限り、理解しづらい。厳しい教育条件の矢面に立たされる文科省ではなく、既存の利害関係の外におり、したがって改革に伴う混乱の被害を受けにくい官邸がイニシアチブをとったからこそ、改革は推進された。そして、官邸が急進的なプランをトップダウンで下ろしたのは、ほかでもなく、日本の小学校英語は「中途半端」であるという苛立ちがあったからである。冒頭の問題に戻ったことになる。

## 今後の選択肢

小学校英語をとりまく条件は深刻かつ重大なものばかりであり、しかも、それらが相互に絡み合い、袋小路に陥っている。小学校教員は現場で日本の英語教育の屋台骨を支えるべく子どもと向き合うが、教育環境は一向に改善されない。文科省や教育委員会も条件整備のために奮闘するが、財務担当者は金庫の扉を固く閉ざしている。ならば、いっそのこと英語はやめてしまえばみな楽になると思えてくるが、すでに政府によって小学校英語推進という枠をはめられてしまっている以上、それは不可能である(たとえ正義と信じたサボタージュでも、公務員が法的拘束力のある指示に従わない場合は処分の対象になる)。

確実に言えるのは、あらゆる立場の人々が満足する完璧な解決策はないということである。どんなにバラ色に見えるプランであっても実際には大きな問題を抱えているし、どんなに無難に見えるプランであっても何らかの犠牲——しかもかなり大きな犠牲——を払うことになる。そうした犠牲・コスト・デメリットの存在を議論の大前提に据えながら、多くの人々にとって(渋々にでも)納得がいく政策を選びとっていかなければならないのが、小学校英語の未来である。

具体的には今後の選択肢として、少なくとも表終-1の四つの案が挙げられる。

第一の選択肢が、専科教員による指導を大前提にするというものである。したがって、専科

表終-1　あり得るべき選択肢

| | 概　要 | メリット | 実現へのハードル | それ以外のデメリット |
|---|---|---|---|---|
| 案1 専科教員型 | 専科教員を増員し，専科指導を前提にする(学級担任による指導は任意). | 教員負担の軽減．英語指導者の不足が即効的に解消される. | 教職員定数改善に関わる法改正.<br>大幅な加配に対する財務省の抵抗. | 学級担任が担ってきた英語活動・外国語活動などの蓄積の放棄. |
| 案2 学級担任型 | 大規模な研修機会を提供し，学級担任の英語指導力を向上させる. | 小学校教員の専門性の向上.<br>既存の学級制度(学級担任が多くの教科指導を受けもつ形態)を改変する必要がない. | 大規模研修制度の構築.<br>(研修で現場が人員不足になるので)教職員定数改善に関わる法改正.<br>大幅な加配に対する財務省の抵抗. | 研修の効果が出るまでタイムラグがあり，即効性はない. |
| 案3 選択教科化 | 必修でなくする.<br>指導者をはじめとした教育条件が整った学校・自治体から導入する. | 国レベルでの財政制約と衝突しない. | 初等教育における選択教科の導入には前例なし.<br>機会均等を求める現場・自治体・教育関係者・保護者からの反発. | 自治体の財政力による格差.<br>それに伴う公教育の毀損. |
| 案4 全廃 | 必修の外国語科をやめる(2011年施行学習指導要領あるいはそれ以前の状態に戻す). | 教員負担の軽減.<br>財政制約と衝突しない. | 小学校英語をグローバル人材育成の切り札と考える政治的アクター(官邸，財界，文科省内の改革派)による圧力. | これまでの蓄積(担任による教科指導，カリキュラムづくり，専科指導体制，ティームティーチング体制)が活かされない. |
| 現行 | 学級担任中心．現在の業務に上乗せする形で少量の研修を実施. | 財政制約と衝突しない. | 強く抵抗する拒否権プレイヤーがいないため，実現のハードルは最も低い(ただしデメリットは多い). | 成果が上がりにくい.<br>効果的な英語教育を求める政財界・世論から不満が出る.<br>教育現場の多忙化の助長.<br>教員の専門的技能が蓄積されない. |

教員を大幅に増員する必要がある。第二はその逆で、学級担任の指導を大前提にする。それには、現職教員を対象にした大規模な研修が必要であり、既存の授業受けもちの多くを研修に振り分けることが必要になる。第三が、教員配置の複雑化の主因である全国一律の必修をやめるという案である。選択教科扱いにすることで、教育条件の整った自治体・学校から導入させ、そうではない自治体・学校には猶予を与えれば、ソフトランディングが可能である(ちなみに、中国やチリの当初の導入はこの方法である)。第四は、小学校での英語教育を全廃するというプランである。具体的には、二〇一一年施行、あるいはそれ以前の学習指導要領の状況に戻すというものである。

表終-1に、各プランのメリット、実現へのハードル、および、それ以外のデメリットを示した。いずれのプランにもそれぞれ重要なメリットがあるが、同時に実現を阻む大きな壁が存在し、決して一筋縄ではいかない。たとえば、第1・第2の案の場合、財務省や国会に拒否権を行使されると行き詰まる。第3の案には文科省や教育関係者が、第4の案には改革推進派(の中の大きな権限をもった人たち)が難色を示すだろう。

一方、現行のプラン――つまり、指導は学級担任中心、研修は少量かつ既存の業務に上乗せという案――には、実は目立った拒否権プレイヤーがいない。だからこそ現実の政策過程はこのプランに落ち着くように水路づけられたわけだが、反面、非常に大きなデメリットを伴うため(しかし、被害を被るアクターには権限が小さいので拒否権を行使できない)、安易に選択すべきではない。たしかに、短期的には最も無難かもしれないが、教育現場を疲弊させるにもかかわらず大きな成果は見込めないプランであり、中長期的に見たら非常に危うい選択肢であることは間違いない。

筆者の個人的な意見も記しておく。案1〜4はいずれも現行のものに比べれば多くのメリットがあり、政治的な困難を度外視すれば、どのプランも甲乙つけがたい。ただ、その中でも筆者が特に推したいのは、案1と案4である。

案1、つまり専科教員による指導は、即効性があり、かつ教育現場に大きな負荷をかけない点で非常に良いプランだろう。また、小学校には専科指導の伝統が存在しており(たとえば、音楽や図工)、英語専科教員がメンバーに加わっても既存の学級文化を毀損するものではないように思われる。

一方、案4、つまり次期学習指導要領改訂で外国語科の必修を廃止するという案は、提案する人はほとんどおらず一見荒唐無稽ではあるが、一考の余地は十分あると思われる。たとえば、いわゆる「ゆとり教育」が一〇年で撤回されたことは記憶に新しい。ゆとり教育の廃止において大きな役割を果たしたのが、政官財を巻き込んだ日本全体の「反・ゆとり教育」の声だった。小学校英語にも同様の声が集まれば、あり得ない話ではない。

### すぐにでも改善すべき点

最後に、どの選択肢にも共通し、しかもすぐにでも改善が必要な点を三点指摘したい。なお、教育予算増額、教員の自己研鑽、関係者の継続的なサポート、より良い指導法・教材・カリキュラムの開発などもそうした点には違いないが、抽象的な提案にしかならないため省略する。ここでは、本書の検討で得られたつぎの三点を指摘したい。

第一に、第6章で論じたとおり、政府の教育政策について論じる各種政府の会議は、総合調整機能・情報収集機能を大幅に強化しなくてはならない。これは小学校英語を今後どのように変えていくかにかかわらず、必要なことである。二〇一〇年代の小学校英語改革は、官邸主導のトップダウンで決定されたが、熟議を欠いた極めて拙速な意思決定であった。トップダウンだからと言って熟議が必要ないはずがない。むしろ綿密な議論・総合調整を経て生き残った複数の選択肢の中から、官邸が自身の責任をかけて、ある案に決断するというのが本来のトップダウンのはずである。二〇二〇年代以降も官邸主導が続くならば、教育政策関係の会議の機能強化は必須である。

第二に、英語教育関係者、特に研究者は、政策の意思決定に資する研究の蓄積が必要である。第7章で論じたとおり、小学校英語に関するこれまでの研究は、ほとんどが言語習得や教室実践・カリキュラム設計に関するものであり、政策に焦点を当てたものはほぼない。現在、特に必要とされるのが、政策効果(好影響だけでなく悪影響も含む)を検証した研究と、行財政的制約に関する研究である。非専門家による強引な政策決定を招いた少なくともひとつの原因が、小学校英語に関する政策エビデンスの欠如であったのだから、拙速な意思決定の防波堤になり得る実証研究の蓄積が切に求められる。また、学会単位での提言・アピールなどにおいても、こうした研究蓄積に基づいて(たとえば「予算を増額すべし」といった抽象論ではなく)政策面での細かな要求を行う必要があるだろう。

第三に、早期英語教育に対する過大な期待をクールダウンさせ、現実主義的な議論が可能となる土壌をつくっていくことである。一般にはまだ、小学校英語を導入しさえすれば日本人の英語力が劇的に向上すると考えている人が多い。近年の急進的な改革(例:教科化)は、こうした過度の楽観が政府にまで流れ込んだ結果だと言える。行政・教育関係者や研究者は、過剰な英語熱を冷却し、より現実的な見取り図を対案として粘り強く示していくべきである。また、教育産業やマスメディアも、早期英語の効能を安易に煽り立てずに、その複雑な現実を適切に伝えるべきであろう。もっとも、教育企業としては「企業にとって利益こそが最優先事項なのだから正論は言っていられない」と言うかもしれない。しかし、たしかに英語熱を煽れば短期的には個々の企業は利益を得るかもしれないが、前述のとおり、日本の教育全体を疲弊させることにつながるため、中長期的に見れば不利益のほうが大きいのではないか。

**最後に**

一冊を使って、小学校英語が直面する問題がいかに複雑で、困難な条件が絡まり合っているか、そして、なぜバラ色の解決策を安易に望むことができないのかを論じてきた。

小学校英語をより良い方向に導くのは極めて困難な作業である。現場で奮闘している教員・支援者の姿や子どもたちの笑顔を見ると、激励のための美辞麗句をつい言ってしまいたくなるが、実際には、それすらためらわれるほど厳しい状況である。

しかしながら、困難の内実を正確に認識すること、厳しい条件をひとつひとつ切り分けていくことは、解決に向けた重要な第一歩だと考える。本書の仕事は、その第一歩の手前、言うなれば第ゼロ歩の地点に読者を運ぶことだった。果たして私たちは第一歩を踏み出せるだろうか。

本書の一部は、以下の原稿を元に加筆修正したものである。

- 「小学校英語政策の問題点」藤原康弘・仲潔・寺沢拓敬編『これからの英語教育の話をしよう』ひつじ書房、二〇一七年八月
- 「小学校英語に関する政策的エビデンス——子どもの英語力・態度は向上したのか？」『関東甲信越英語教育学会誌』第三二号、二〇一八年三月
- 「「グローバル化で英語ニーズ増加」の虚実」『中央公論』二〇一九年八月号

また、本書は、日本学術振興会科学研究費挑戦的萌芽研究（16K13259「英語教育におけるエビデンスの産出・活用モデルの構築」）および若手研究（18K12480「政治的・社会科学的な英語教育学の体系化——批判的応用言語学の理論的研究を中心に」）の成果の一部である。

# 参考文献


Enever, J. (2018). *Policy and politics in global primary English*. Oxford University Press.

Kang, H. D. (2012). Primary school English education in Korea. In B. Spolsky & Y. Moon (eds.). *Primary school English-language education in Asia: From policy to practice*. pp. 59–82. Routledge.

Ortega, L. (2013). *Understanding second language acquisition*. Routledge.

Rixon, S. (2013). *British Council survey of policy and practice in primary English language teaching worldwide*. London: British Council.

青木純一(2011).「構造改革特区，教育分野の「規格化」とその背景――自治体の自発性や地域の特性に着目して」『日本教育政策学会年報』18，40–52.

江利川春雄(2006).『近代日本の英語科教育史――職業系諸学校による英語教育の大衆化過程』東信堂.

江利川春雄(2013).「「大学入試に TOEFL 等」という人災から子どもを守るために」大津由紀雄・江利川春雄・斎藤兆史・鳥飼玖美子『英語教育，迫り来る破綻』ひつじ書房.

江利川春雄(2018).『日本の外国語教育政策史』ひつじ書房.

大津由紀雄編著(2004).『小学校での英語教育は必要か』慶應義塾大学出版会.

大津由紀雄(2006).「公立小学校における英語教育――議論の現状と今後の課題」大津由紀雄編著『日本の英語教育に必要なこと――小学校英語と英語教育政策』慶應義塾大学出版会.

大津由紀雄・江利川春雄・斎藤兆史・鳥飼玖美子(2013).『英語教育，迫り来る破綻』ひつじ書房.

小川正人(2019).『日本社会の変動と教育政策――新学力・子どもの貧困・働き方改革』左右社.

スティーガー M.(2010).『新版 グローバリゼーション』櫻井公人他訳，岩波書店.

瀧口優(2006).『「特区」に見る小学校英語』三友社出版.

武井哲郎(2017).『「開かれた学校」の功罪――ボランティアの参入と子どもの排除／包摂』明石書店.

寺沢拓敬(2014).『「なんで英語やるの？」の戦後史――《国民教育》としての英語，その伝統の成立過程』研究社.

寺沢拓敬(2015).『「日本人と英語」の社会学――なぜ英語教育論は誤

解だらけなのか』研究社.
寺沢拓敬(2016).「小学校英語をめぐる保護者の態度の計量分析」『関東甲信越英語教育学会誌』30, 99–112.
寺沢拓敬(2018).「小学校英語に関する政策的エビデンス――子どもの英語力・態度は向上したのか?」『関東甲信越英語教育学会誌』32, 57–70.
寺沢拓敬(2019).「小学校英語の政策過程(1)――外国語活動必修化をめぐる中教審関係部会の議論の分析」『関西学院大学社会学部紀要』132, 13–28.
寺脇研(2013).『文部科学省――「三流官庁」の知られざる素顔』中央公論新社.
冨田祐一・椎名紀久子・白畑知彦他(2008).「特区における英語教育の実態調査の結果の分析」『日本児童英語教育学会研究紀要』27, 1–24.
永井忠孝(2015).『英語の害毒』新潮新書.
中澤渉(2014).『なぜ日本の公教育費は少ないのか――教育の公的役割を問いなおす』勁草書房.
西中隆・大阪市立真田山小学校編著(1996).『公立小学校における国際理解・英語学習』明治図書出版.
日本児童英語教育学会関西支部調査研究プロジェクト・チーム(2001).「「総合的な学習の時間」における英語学習に関する実態調査――近畿地区内の教育委員会を対象とした質問紙調査に基づいて」『日本児童英語教育学会研究紀要』20, 47–63.
日本児童英語教育学会国際理解プロジェクト・チーム(1991).「公立小学校における国際理解教育および英語教育の実施状況 第1報――アンケート調査に基づいて」『日本児童英語教育学会研究紀要』10, 43–54.
野上三枝子(1977).「早期英語教育」語学教育研究所編『英語教育年鑑 1977年度版』開拓社, 26–34.
バトラー後藤裕子(2015).『英語学習は早いほど良いのか』岩波新書.
ピアソン P.(2010).『ポリティクス・イン・タイム――歴史・制度・社会分析』粕谷祐子監訳, 勁草書房.
樋口忠彦・アレン玉井光江・加賀田哲也他(2013).「JASTECアピール――小学校外国語活動の教科化への緊急提言について」『日本児童英語教育学会研究紀要』32, 1–17.
藤原康弘・仲潔・寺沢拓敬編(2017).『これからの英語教育の話をしよう』ひつじ書房.
ヘルド D.・マグルー A.・ゴールドブラット D.・ペラトン J.(2006).

『グローバル・トランスフォーメーションズ――政治・経済・文化』古城利明・臼井久和・滝田賢治・星野智他訳，中央大学出版部.
ペンフィールド W.・ロバーツ L.(1965).『言語と大脳――言語と脳のメカニズム』上村忠雄・前田利男訳，誠信書房.
松岡翼(2017).「1980年代の臨時教育審議会における英語教育政策の立案過程――小学校英語教育と大学入試」中部地区英語教育学会2017年大会(於信州大学)発表資料.
松川禮子(2004).『明日の小学校英語教育を拓く』アプリコット.
水野稚(2008).「経団連と「英語が使える」日本人」『英語教育』4月号，65–67.
森田朗(2015).『会議の政治学 II』慈学社出版.
吉村博与・有常洋菜・本田勝久(2015).「昭和40年代における公立小学校英語教育試行に関する一考察――千葉県「小学校英語教室事業」の展開と実践の記録」『日本児童英語教育学会研究紀要』34, 147–166.
レネバーグ E.(1974).『言語の生物学的基礎』佐藤方哉・神尾昭雄訳，大修館書店.
ロドリック D.(2013).『グローバリゼーション・パラドクス――世界経済の未来を決める三つの道』柴山桂太・大川良文訳，白水社.
和田稔(2004).「小学校英語教育，言語政策，大衆」大津由紀雄編著『小学校での英語教育は必要か』慶應義塾大学出版会，112–128.

**検討した議事録等**

臨時教育審議会議事録は，国立公文書館より入手.
第15期(1995〜96年)中央教育審議会議事録は，行政文書開示請求により文科省から入手.
2000年代以降の文科省関連会議(中教審総会・教育課程部会・外国語専門部会・英語教育の在り方に関する有識者会議等)の議事録は，いずれも文科省ウェブサイト(一部行政文書開示請求)により入手.
それ以外の政策会議(産業競争力会議・教育再生実行会議等)の議事録は，各ウェブサイトより入手.

# 年　表

| | 小学校英語の制度・政策に関する動き | 小学校英語に関する学界や社会の動き | その他 |
|---|---|---|---|
| 戦前 | 1872(明治5)年　旧制高等小学校発足．一部の小学校は英語も教えたが全体から見たらごくわずか． | 1911年　岡倉由三郎著『英語教育』．小学校英語の必要性を断固否定． | |
| 戦後〜1970年代 | 1950年代・60年代　英語を教える私立小学校の急増．<br>1972年　千葉県「小学校英語教室事業」開始． | 1970年代　第二言語習得論の誕生・発展．臨界期・年齢効果の研究も重要なテーマの一つに． | 1950年代　中学校英語の事実上の必修化．全国のすべての中学生が少なくとも一度は英語を履修． |
| 1980年代 | 1980年代　課外授業・クラブ活動等で国際理解学習を扱う自治体が増え始める．<br>1986年4月　臨時教育審議会第二次答申．英語教育の開始年齢の改革に言及． | 1980年11月　日本児童英語教育学会発足． | 1987年　JETプログラム(語学指導等を行う外国青年招致事業)の開始． |
| 1990年代 | 1991年4月　文部省「外国語教育の改善に関する調査研究協力者会議」設置．文部省内における議論の端緒．<br>1991年12月　臨時行政改革推進審議会「国際化対応・国民生活重視の行政改革に関する第二次答申」．小学校への英語教育導入の可能性に言及．<br>1992年　小学校英語を扱う研究開発学校が初めて指定される(大阪市の2校)．<br>1993年7月「外国語教育の改善に関する調査研究協力者会議」が最終報告を発表．小学校英語に関しては両論併記にとどめる．<br>1996年　研究開発学校の急増．全都道府県で少なくと | 1990年代　英語教育関係者の雑誌・書籍でも小学校英語に関する記事が増え始める．<br>1995年6月　日本児童英語教育学会，アピール発表．小学校1年次から英語教育の提案． | 1994年　政治改革四法成立．小選挙区制の誕生，政治献金の規制強化など．その後の官邸主導の遠因となる． |

| | | | |
|---|---|---|---|
| | も1校が指定される.<br>1996年7月　第15期中央教育審議会第一次答申. 総合学習での英語活動を提言.<br>1998年12月　新学習指導要領告示. | | |
| 2000年代 | 2001年1月　文科省「英語指導方法等改善の推進に関する懇談会」が報告書を提出.<br>2001年4月　文科省『小学校英語活動実践の手引』発行.<br>2002年4月　新学習指導要領施行.<br>2003年4月　構造改革特別区域(特区)制度開始. 小学校で教科の英語を教える自治体が現れる.<br>2006年3月　中教審外国語専門部会が必修化を提言.<br>2006年9月　伊吹文明文部科学大臣「必修化反対」を表明.<br>2007年12月　教育再生会議「第三次報告」. 教科寄りの小学校英語を提案.<br>2008年1月　中教審答申. 「外国語活動」必修化(小5・6, 週1時間).<br>2008年1月　教育再生会議「最終報告」. 小学校英語の提言.<br>2008年3月　新学習指導要領告示.<br>2008年5月　教育再生懇談会「第一次報告」. 少なくとも小3からの早期必修化を目指すべきと提言.<br>2008年8月「経済財政改革の基本方針2008」. 小学校低・中学年での英語教育開 | 2000年代　早期化は日本だけでなく世界的なトレンドに. ほとんどの世論調査で小学校英語への支持は8割を上回る(表5-3参照).<br>2000年3月　経済団体連合会(旧経団連)提言「グローバル化時代の人材育成について」.<br>2000年8月　小学校英語教育学会発足.<br>2003年12月　慶應義塾大学で小学校英語に関するシンポジウム.<br>2005年7月・2006年2月　研究者有志が「小学校での英語教科化に反対する要望書」を文部科学大臣に手渡す.<br>2006年『国家の品格』ベストセラー. 国語力育成の観点から早期英語を批判. | 2001年1月　中央省庁再編. 文部科学省の誕生. また, 内閣機能が強化され, 官邸主導への弾みをつけた.<br>2003年3月　文科省「「英語が使える日本人」の育成のための行動計画」発表.<br>2006年12月　教育基本法改正.<br>2008年9月　米国大手投資銀行リーマン・ブラザーズ倒産. 世界金融危機の発生. |

| | | | |
|---|---|---|---|
| | 始を提言.<br>2009年4月　『英語ノート』配付開始(〜2012年3月).<br>2009年11月　事業仕分けの結果,『英語ノート』廃止. | | 2009年9月　政権交代により民主党政権誕生. |
| 2010年代 | 2011年4月　新学習指導要領施行.<br>2012年4月　『英語ノート』後継にあたる『Hi, Friends!』配付開始.<br>2013年4月　中教審答申. ただし小学校英語に関して特筆に値する言及なし.<br>2013年6月　第二期教育振興基本計画閣議決定. 英語教科化・早期化の提案.<br>2013年12月　文科省「グローバル化に対応した英語教育改革実施計画」.<br>2014年2月　文科省「英語教育の在り方に関する有識者会議」発足. 同年9月審議のまとめ発表.<br>2016年12月　中教審答申. 小5・6で教科化. 外国語活動は小3・4に早期化.<br>2017年3月　新学習指導要領告示.<br>2017年　文科省が英語指導を専門に行う教員1000人の増員を18年度予算案に要求(2018年にも19年度に向けた同様の要求).<br>2020年4月　新学習指導要領施行. | 2010年代　保護者への意識調査で約8割あるいはそれ以上の支持(表5-4参照).<br>2012年10月　日本児童英語教育学会「小学校外国語活動の教科化への緊急提言」.<br>2014年7・8月　小学校英語教育学会・全国英語教育学会「文部科学省で検討中の「小学校英語教育の改革」に対する提言」.<br>2017年9月　全日本教職員組合, 文科省への緊急要請. 早期化・教科化に異議申し立て.<br>2018年夏　全国連合小学校長会による全国の小学校へのアンケート調査. 回答校の71%が英語専科教員による指導を希望. | 2012年12月　第二次安倍政権発足.<br>2013年1月　教育再生実行会議発足.<br>2017年7月　中教審「学校における働き方改革特別部会」設置.<br>2010年代後半　訪日外国人の急増(2018年：3120万人). |